Research on Boundary-spanning Search， Absorpti
Capacity and Corporate Entrepreneurship

跨界搜寻、吸收能力与公司创业研究

牛翠萍 著

中国财经出版传媒集团
经济科学出版社
Economic Science Press

图书在版编目（CIP）数据

跨界搜寻、吸收能力与公司创业研究/牛翠萍著
. --北京：经济科学出版社，2021. 11
ISBN 978 - 7 - 5218 - 3049 - 1

Ⅰ.①跨…　Ⅱ.①牛…　Ⅲ.①公司 - 企业管理　Ⅳ.
①F276. 6

中国版本图书馆 CIP 数据核字（2021）第 230488 号

责任编辑：杨　洋　赵　岩
责任校对：靳玉环
责任印制：王世伟

跨界搜寻、吸收能力与公司创业研究
牛翠萍　著
经济科学出版社出版、发行　新华书店经销
社址：北京市海淀区阜成路甲 28 号　邮编：100142
总编部电话：010 - 88191217　发行部电话：010 - 88191522
网址：www. esp. com. cn
电子邮箱：esp@ esp. com. cn
天猫网店：经济科学出版社旗舰店
网址：http：//jjkxcbs. tmall. com
北京季蜂印刷有限公司印装
710 × 1000　16 开　14. 5 印张　300000 字
2021 年 11 月第 1 版　2021 年 11 月第 1 次印刷
ISBN 978 - 7 - 5218 - 3049 - 1　定价：56. 00 元
（图书出现印装问题，本社负责调换。电话：010 - 88191510）
（版权所有　侵权必究　打击盗版　举报热线：010 - 88191661
QQ：2242791300　营销中心电话：010 - 88191537
电子邮箱：dbts@ esp. com. cn）

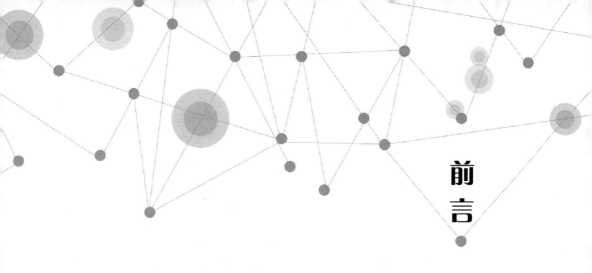

　　破解人口红利、资源红利和环境红利逐渐消失的难题,中国经济需要转向高质量发展模式。企业是经济的细胞,经济发展模式的转变,其落脚点离不开企业,激活企业的活力需要重视创业活动的开展,从这种意义上说,聚焦公司创业的研究具有实践价值。作为创业研究的一个分支,公司创业是一个有吸引力且不断发展的研究领域,自米勒(Miller,1983)开创性提出以来,历经三十多年的发展,直到现在也备受关注,特别是自我国政府出台弘扬企业创新创业文件以来,再次掀起了研究的热潮,对公司创业的研究不断向前推进。

　　本书在对跨界搜寻、吸收能力、高层管理者支持和公司创业的国内外相关文献较为翔实回顾的基础上,根据研究问题,结合组织搜寻理论、吸收能力理论和动态能力理论,分别构建了跨界搜寻及各子维度和公司创业之间的研究假设、跨界搜寻及各子维度和吸收能力之间的研究假设、吸收能力及各子维度和公司创业之间的假设、吸收能力在跨界搜寻与公司创业之间的中介作用假设、高层管理者支持在跨界搜寻和公司创业之间的调节作用假设及高层管理者支持在吸收能力和公司创业之间的调节作用假设,进而建立了本书的理论研究模型。

本书对正式样本数据采用回归模型与结构方程模型的方法进行实证分析，检验了所提出的研究假设，检验结果基本验证了研究假设，得出了本书的研究结论：跨界搜寻与公司创业之间存在显著的正相关关系，科技驱动型跨界搜寻、市场驱动型跨界搜寻、共性技术导向跨界搜寻及产品技术导向跨界搜寻越多，公司创业活动越多；跨界搜寻与吸收能力之间存在显著的正相关关系；科技驱动型跨界搜寻、市场驱动型跨界搜寻、共性技术导向跨界搜寻及产品技术导向跨界搜寻越多，吸收能力越强；吸收能力与公司创业之间存在显著的正相关关系；知识评估能力、知识同化能力及知识应用能力越强，公司创业活动越多；吸收能力在跨界搜寻和公司创业之间起到完全的中介作用；高层管理者支持在跨界搜寻与公司创业之间起到较显著的负向调节作用；高层管理者支持在吸收能力与公司创业之间起到较为显著的正向调节作用。

本书的研究结论对我国企业具有以下实践启示作用：企业应当认识并重视跨界搜寻的重要作用，制定适合的跨界搜寻策略，充分利用跨界搜寻来获取丰富的异质性外部知识资源，弥补自身资源匮乏的弱势；企业应当重视吸收能力的培育，吸收能力决定了企业识别、消化和利用外部异质性有价值知识的能力；企业应当高度重视公司创业活动对塑造核心竞争力的重要性，企业应当更新发展理念，重视知识资源的组合利用，构建企业的动态能力；企业应当充分发挥高层管理者支持的重要作用，促进更多公司创业活动的实现。

事实上，中国企业要与时俱进求发展，在互联网时代管理者需要有与时俱进的思维，在经营管理企业的过程中，应当倡导通过多渠道进行跨界搜寻获取多样性的异质性信息，重视外部新知识与内部已有知识的消化吸收和应用，在高层管理者的支持下，促进更多公司创业活动的开展。本书的结论以期为管理层作出科学有效的决策提供参考，从而为中国企业的持续成长与中国经济的高质量发展作出贡献。

目 录

第1章

绪　　论

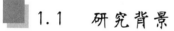

1.1　研究背景

1.1.1　现实背景

　　要改变人口红利、资源红利和环境红利逐渐消失的现状，中国经济需要转向高质量发展模式。经济发展模式的转变，其落脚点离不开企业，企业是经济的细胞，而激活企业的活力需要重视创业活动的开展，从这种意义上说，聚焦公司创业的研究更具实践价值。习近平总书记在党的十九大报告中明确了创新创业的地位和价值，提出创新是引领发展的第一动力，是建设现代化经济体系的战略支撑[①]。政府鼓励更多的社会主体投身创新创业，加强

———————

　　① 创新是建设现代化经济体系的战略支撑 [Z]. 人民网，2018 – 1 – 3.

应用基础研究，突出关键共性技术与颠覆性技术创新，加强对企业创新的支持，促进科技成果转化，对激发市场活力、促进企业的可持续发展与建设现代化经济体系具有深远影响。

作为创业研究的一个分支，公司创业是一个具有吸引力且不断发展的研究领域，从米勒（Miller，1983）开创性提出公司创业以来，历经30多年的发展，直到现在也备受关注，特别是自我国出台了弘扬企业创新创业文件以来，再次掀起了对创业研究的热潮，推动了公司创业的研究不断前进。当今时代，互联网促使公司创业的环境发生了变化：一方面，互联网能促使企业家快速、便捷、敏锐地捕捉市场机遇，使得公司提供具有竞争力的产品和服务，在激烈的市场竞争中脱颖而出。另一方面，互联网加剧了全球化的动态竞争，带来了客户的动态需求，出现了比以往更多的超前模仿或模仿创新，企业生存难度明显提高，面对不断变化的市场，企业可以通过公司创业有效提升其核心竞争优势。

然而，现实情况是，为什么有些企业能够出现较多的公司创业活动？而有些企业却不存在公司创业活动？面对这种现象，企业应该如何去做？企业应当抓住当前政府重视创新创业发展的机遇开展公司创业活动，找到影响公司创业活动开展的主要因素及关键痛点。根据实践与以往研究，企业的公司创业可能会受到跨界搜寻、吸收能力和高管支持的影响。要全面把握"跨界搜寻—吸收能力—公司创业，高层管理者支持分别体现在跨界搜寻与公司创业及在吸收能力与公司创业之间的调节作用"的整体提升过程，需要针对企业面临的现实困境进行深入剖析。

针对公司创业活动不足，企业主要面临以下三个方面的困境：

1. 企业没有充分利用跨界搜寻获取从事公司创业活动所需的多元化和异质性的知识资源

实践中，当一个公司耗尽有限的资源与能力重构优势时，环境的变迁、新技术的出现及竞争对手的行动将有可能使得公司精心构建的优势集合变得毫无价值，这种情况下公司只有重构一个具有异质性、差别化且难以模仿的优势集合，开展公司创业活动，才有可能赢得竞争。公司进行创新、风险承担、战略更新和主动参与竞争活动需要资源作保障。尽管互联网的方便、快速等优势有利于企业进行跨界搜寻到海量的外部知识，但现实中企业却面临着资源有限的困境，尤其是企业没能充分利用跨界搜寻获取异质性知识资源，甚至有些企业还没认识到跨界搜寻的重要性。

在当今倡导的创新创业的大环境下，企业如何对外部创新资源进行获取与重新分配应成为企业关注的热点与难点（肖丁丁，2014；Chen et al.，2011；Chesbrough，2003）。特别对我国企业而言，有效利用外部资源将是企业弥补自身能力弱势、构建持续竞争优势的路径之一（肖丁丁、朱桂龙，2017）。跨界搜索比本地搜索更有利于企业获得多样性的知识，使企业不至于陷入"能力陷阱"与"核心刚性"困境中（吴晓波、郭瑞、熊磊，2013）。跨越时空的全面跨界搜寻能够增加知识搜寻的宽度和深度，是解决企业知识资源有限的重要途径，搜寻到的科学、技术、市场和需求等不同性质的知识有利于企业开展更多的公司创业活动。

现实的困惑是，对企业而言，跨界搜寻能够丰富企业知识库而增强公司创业的活动能力，但在现实中，为何有大量的企业依然采取传统的方式去获取外部知识？变革为何那么困难？主要的原因可能是跨界搜寻带来了成本与可靠性问题：搜寻范围越大，越可能付出越高的成本；搜寻范围的扩大会降低知识的可靠性。因此，企业明确跨界搜寻的内容及如何有效地进行跨界搜寻很重要，如应当采取哪种的跨界模式？究竟跨越何种边界进行搜寻？应该搜寻什么知识？本书的研究结论将会为我国企业提供可借鉴的努力方向。

2. 企业的吸收能力较弱，无法对内外部知识进行有效的整合和利用，在一定程度上阻碍了公司创业活动的产生

公司创业活动不仅需要跨界搜索获得异质性知识，还须具备能够有效整合利用新知识的能力。跨界搜索作为供给行为，为内部消化系统提供运作的知识，吸收能力行使消化作用，把输入内化为自己的营养，然后产出理想的结果（彭本红、武柏宇，2017）。如果企业拥有较强的吸收能力（王宛秋、张潇天，2019），会提高对外部知识资源吸收整合的效率及对溢出效应的利用程度，有助于公司创业活动的开展。如果企业吸收能力较弱，而无法充分整合内外部知识，将使企业陷入难以推动公司创业活动的困境。

3. 企业的公司创业活动因高层管理者的支持不够而无法有效开展

企业实际运营中，即便公司的吸收能力很强，但如果公司的高层管理者认为新产品或新技术的实施可能会失败，而没有得到高层管理者足够的支持，公司创业活动将面临难以进行的困境。高层管理者在公司创业活动中承担着重要的角色。平托和斯莱文（Pinto & Slevin，1988）提出，高层管理者的支持是指实施项目的资源、权威和权力，是项目成功的一个关键因素。由于人类的智慧和能力是有限的，公司创业方案不可能被完美地预测，即使项目经理充满理智理性尽力地付出，也无法提交一个完美的方案（Rodney Turner、师冬平，2005），因此，公司创业活动是存在风险的。

韦斯特·考特（2010）认为，高层管理者创造公司创业活动，他们设计创新、风险承担、战略更新等方案，具有吸引顾客和创建市场的预见性，他们的预见性要先于顾客，并能随时调整产品和服务的方案，因此，只有得到了高层管理者的支持并随后采取行动，才能出现公司创业活动，获得真正的回报。公司创业活动存在着风险，当企业的高层管理者主动了解活动面临的风险，理解对成本的风险和潜在收益的风险，并能够提供各种充足的资源支持时，公司创业活动才能够实现；当企业的高层管理者漠不关心时，公司创业活动实现的可能性非常低；当高层管理者反对并阻碍时，公司创业活动就无法开展。

1.1.2 理论背景

跨界搜寻丰富了企业在进行创新时需要的多样性知识库，增加了内外部不同性质的知识整合的机会，有助于企业打破公司文化、产业集聚及所在地制度等约束，以促进企业适应动态的环境（肖丁丁，2013；邬爱其、方仙成，2012；Heeley & Jacobson，2008）。公司创业活动开展的前提是对知识资源的依赖。知识流程对竞争优势的影响受到了极大的关注（Eisenhardt & Martin 2000；Kogut & Zander，1992），因为知识的转化取决于组织的探索和开发（He & Wong，2004；March，1991）。面对公司创业活动开展过程中所面临的内部知识资源不足的困境，国内外研究者试图通过供给外部知识资源来解决这一难题，即跨界搜寻成为企业获取外部知识的起点（朱桂龙、肖丁丁，2013），并成为继外部并购和内部研发之后第三条提升企业竞争优势的重要路径（肖丁丁，2013；Katila & Ahuja，2002；Grant，1996），因此，理论界和企业界将跨界搜寻及其相关因素作为研究的焦点。

而已有研究从企业的视角研究跨界搜寻如何通过吸收能力影响公司创业的过程机制还处于理论上的"黑箱"。尽管国内外研究者对跨界搜寻及其相关领域的研究主要集中在跨界搜寻的概念与内涵辨析、前因研究及结果研究，但本书重点探讨企业的跨界搜寻对吸收能力进而对公司创业影响的相关研究。

跨界搜寻在动态环境下能帮助公司获取差异化的知识，及时更新公司现有知识库，弥补内部知识资源的不足（肖丁丁，2013）。资源积累是企业从事创业活动的必经之路，跨界搜寻为解决企业在不同价值链网络中获取有益资源提供了途径（张月月等，2018），解决企业资源稀缺的困境，增加了知识搜寻的宽度和深度，所获取的异质性与多样化的知识有利于企业更好地开展风险投资、战略更新和创新。

在互联网时代下，跨界搜寻已并非难事。公司需要根据现有知识进行本地搜寻、跨组织边界和技术边界搜寻。在本地搜寻中，企业将从过去的经验和积累的知识中获得创新灵感。同时，在跨界搜寻中，他们将最大限度地整合外部新知识资源，以解决企业核心竞争力的刚性问题（胡畔、于渤，2017）。吸收能力是公司创新中必不可少的识别、消化和应用外部知识的能力，企业利用新知识的能力越强，积极主动行为的倾向就越大，越容易促使企业积极寻找新的机会（Cohen & Levinthal，1990），如果公司不发展吸收能力，对技术进步和新产品等表现出不积极的态度，它可能无法识别出环境变化所带来的机会，并可能失去竞争力。在具有积极战略导向的公司中，公司将会积极获取更多的新外部知识，其吸收能力不仅提高了应对动态环境的能力，而且提供了将公司战略转化为更高绩效的最佳条件（Bojica & Fuentes，2012），推动公司创业活动的不断出现。

公司创业活动的开展需要企业不断地投资知识资源和其他资源以确保其可持续性，而组织搜寻理论可以帮助发现跨界搜寻与企业吸收能力之间的内在关系，并在分析跨界搜寻与公司创业之间的关系中起关键的指示作用。

吸收能力是企业不断获取、消化、转化和利用外部新知识的能力（Zahra & George，2002）。全球竞争日益激烈，技术的急剧变化及产品生命周期的缩短，促使公司不断寻求新的外部技术与知识。纵然是那些拥有雄厚资金和强大技术能力的企业也很难进行独立的研发，并且随着知识环境的动态变化，企业不得不面对重新组合现有知识的挑战，这就要求企业具有不断提高吸收新知识的能力（金丽，2018；Bosch et al.，1999；Grant，1996）。

跨界搜寻使企业能够识别复杂动态的技术和市场环境中的新机会和新知

识（刘曜伟，2017；Nelson & Winter，2005），然而，除了具备能够从面临的环境中感知机会和威胁的能力之外，企业还应该具有捕捉机会的能力。知识作为企业的重要资源，是构成吸收能力的客体，已经成为区分一个企业与其他企业并形成企业核心优势的重要因素。提升吸收能力会促进公司更快更多地获取外部新知识，增加公司的知识库，破解公司创业活动所需的资源缺口问题，从而促进公司发现并利用市场和技术机会。

公司创业活动的开展取决于企业是否可以通过跨界搜寻获得重要的知识资源，而吸收能力理论促进了对跨界搜寻与公司创业之间的中间路径的深入探索。

伯格曼（Burgelman，1984；1985）认为，高层管理者影响了公司创业活动的过程，即"诱导"主动创新的过程。鲍尔和艾森曼（Bower & Eisenmann，2001）提出，高层管理者有时也定义创新活动本身。韦斯特考特和田彤坤（2010）认为，根据戴明的链式反应，如果链条中的每个环节（如质量改进，降低成本，提高市场份额，提高投资回报率）对于组织的可持续性都很重要，那么管理层的持续支持显然是至关重要的。定义、设计策划和应用可靠的管理支持方案是实现更高水平的组织发展的关键。

邓少军（2010）认为，高级管理人员实施的战略更新是深度挖掘，吸收和利用跨界搜寻过程中产生的新知识的过程。从战略更新过程的角度来看，高级管理人员在制定有关公司动态能力发展的相关决策时经常面临很大的不确定性和因果关系的模糊性。如果不能合理地解释在能力发展过程中可能会出现的一系列事件，那么管理者往往会减少对这些事件的关注，并偏离他们应有的决策方向，从而导致公司创业活动无法取得高层管理者的支持。

动态能力理论实际上是企业处在动态变化不得不面临变革的环境下提出的，以对企业如何在动态竞争环境中获取并保持持续竞争能力作出解释的理论（邓少军，2010）。根据该理论，企业应具备感知机会与威胁的环境洞察能力，具有增强各能力的学习吸收能力，进行观念、结构和惯例变革的变革更新能力，其核心的环节是投资决策与组织承诺的快速反应能力、资源整合与重新配置的整合重构能力。尽管企业拥有了很强的对外部知识的吸收能力，但是，变革、投资决策与承诺、资源整合重构都与公司创业活动紧密相关，需要企业高层管理者的支持才能实施，使企业真正获得持续竞争优势。因此，动态能力理论有效推动了高层管理者的认知，进而产生行为上的支持。动态能力理论有助于更深入分析吸收能力与公司创业关系的路径问题。

蒂斯等（Teece et al.，1997）是最先提出动态能力理论的学者，他们主要是参考了熊彼特（1942）的创新经济学理论、彭罗斯（1959）的企业成长理论及纳尔逊和温特（1982）提出的演化经济学理论的观点，并认为动态能力是企业整合、构建和重新配置内外部资源以应对快速变化的环境的能力。因此，动态能力反映了企业在存在路径依赖和提升市场地位的情况下获得长期优势和竞争灵活性的能力。通过动态能力，企业可以与不断变化的外部环境保持一致，克服组织惯性，快速挖掘内部创新、冒险和竞争主动性的潜力，开展公司创业活动，并建立可持续的核心竞争优势。具有公司创业精神的企业将有更大的意愿要求改变、冒险和创新，以便在产品开发方面领先于竞争对手（Zhou et al.，2007）。

公司创业会激励企业持续关注市场环境的动态，以使它们对环境的变化和趋势更加敏感和适应（Ahuja & Lampert，2001），鼓励企业重视知识资源，强调知识的吸收和转化，促进知识的应用，促成新资源的组合与利用，增强公司的动态能力。因此，动态能力理论可以有效地解释公司创业。

1.2 研究问题与研究目的

在现实与理论背景的基础上，本书针对"企业如何使用跨界搜寻提升公司吸收能力进而影响公司创业"这一现实问题进行深入探讨，并尝试回答以下六个问题：

（1）跨界搜寻是否会对公司创业产生影响？

（2）跨界搜寻是否有助于提升公司吸收能力？

（3）吸收能力是否会对公司创业产生影响？

（4）吸收能力是否在跨界搜寻与公司创业之间关系中起中介作用？

（5）高层管理者支持是否在跨界搜寻与公司创业之间起调节作用？

（6）高层管理者支持是否在吸收能力与公司创业之间起调节作用？

中国情境下对企业创业的重视为本书提供了丰富的研究背景，公司创业发展过程中企业面临的困境也凸显了本书研究的必要性。系统回答上述现实问题和理论问题，不仅有益于企业认识到跨界搜寻对当前企业发展的重要性，明确了公司的吸收能力与高层管理者支持在公司创业活动开展中的定位，更能为企业如何更好地获取持续的竞争优势，及政府制定相关政策提供论证的经验证据与参考方向。因此，本书的研究目的如下。

（1）对以往文献进行梳理，并在此基础上较为全面地回顾和总结跨界搜寻、吸收能力、高层管理者支持和公司创业之间的研究，指出现有研究的不足及研究方向。

（2）根据组织搜寻理论，探究跨界搜寻对公司创业产生的影响。

（3）根据组织搜寻理论与吸收能力理论，探究跨界搜寻对吸收能力产生的影响。

（4）根据吸收能力理论与动态能力理论，探究吸收能力对公司创业产生的影响。

（5）根据吸收能力理论，探究吸收能力在跨界搜寻与公司创业之间的中介效应。

（6）根据动态能力理论，检验高层管理者支持对于跨界搜寻对公司创业影响过程中可能的调节作用，检验高层管理者支持对于吸收能力对公司创业影响过程中可能的调节效应。

1.3 研究方法

本书采用的研究方法是规范研究和实证研究。规范研究是提出理论假设，而实证研究则是验证理论假设的真实性，两者相辅相成。

1.3.1 规范研究

本书首先通过文献方法，对跨界搜寻、吸收能力、高层管理者支持和公司创业的研究成果进行回顾，将它们与本书所选理论结合在一起，提出了本书的研究问题及其研究假设和理论模型，为实证研究提供了理论基础。

对于文献考察法，在确定了本书研究问题后，本书对国内外相关领域的文献进行全面和系统的检索和回顾，力求对相关的理论和研究进展有全面的了解。对文献的检索主要定位在主流数据库、学术网站及国内外核心期刊领域。对国外文献的检索，通过南京大学图书馆电子资源的英文数据库：在学术期刊文摘及全文数据库（Academic Source Premier – EBSCO）、美国期刊数据库（American Periodicals，AP）、商业资源文摘及全文数据库（Business Source Premier – EBSCO）、英国期刊数据库（British Periodicals Collection）、剑桥学术期刊（*Cambridge Journals Online*）、全文期刊库（管理学）（Emerald）、精选博士论文全文库（JSTOR，SpringerLink，PQDD – ProQuest Digital Dissertation）、国外优秀学术论文（试用）（WorldLib – Excel）、精品学术论文（试用）（Worldlib – Sci）、Worldlib 国外文献整合平台（试用）等数据库检索相关文献的关键字，以确定并下载相关的文献。

学术网站如美国管理协会（AOM）、中国国际管理管理研究会（IAC-MR）、Web of Science、中国知网、万方数据知识服务平台、维普中文科技期刊数据库、百度学术、百度文库等。国外的核心期刊主要包括：AMJ（*Academy of Management Journal*）、AMR（*Academy of Management Review*）、JOM（*Journal of Management*）等。国内核心期刊包括：《经济研究》《管理世界》《南开管理评论》等。综合回顾与梳理这些文献，有助于全面、深入了解和把握跨界搜寻、吸收能力、高层管理者支持与公司创业等领域的研究进展，找出研究的不足和空白，有助于从最新的研究中汲取最前沿的研究理念、研究思路和研究方法。

1.3.2 实证研究

本书的实证研究分为两个部分，问卷调研与统计分析。

1. 问卷调研

问卷调研是验证本书理论框架与研究假设的主要方法之一。根据本书的研究设计，将以江苏、安徽、浙江、上海、山东、广东的部分企业作为研究对象，收集问卷数据。对预测试样本数据作探索性因子分析，删除测量效果不佳的题项，以确保问卷数据具有较高的效度与信度。调研问卷包括跨界搜寻、吸收能力、高层管理者支持、公司创业、企业家以及企业等基本信息。

2. 统计分析

本书采用 SPSS20.0、Amos17.0 和 Mplus7.0 统计软件分析数据。本书通过回归模型和结构方程模型得到实证的结果，对实证结果作出科学的分析和解释，综合评价跨界搜寻对公司创业的影响，跨界搜寻对吸收能力产生的影响，吸收能力对公司创业的影响，以及吸收能力在跨界搜寻与公司创业关系中的中介机制，高层管理者支持在跨界搜寻与公司创业之间的调节作用、高层管理者支持在吸收能力和公司创业中的调节效应。本书通过采用换用模型的方法进行了相应检验，以确定研究结论的稳健性。本书通过实证结果进一步论证研究假设是否成立，以对跨界搜寻和公司创业及吸收能力的中介影响和高层管理者支持的调节影响机制进行较为完整的探索。

1.4 研究思路与技术路线

1.4.1 研究思路

基于上述研究背景与研究问题，本书设定如下研究思路：第一，基于组织搜寻理论与动态能力理论，深入分析企业的跨界搜寻与公司创业之间的作用机制及演化路径，提出研究假设；第二，结合组织搜寻理论与吸收能力理论，确定跨界搜寻与吸收能力的研究假设；第三，结合吸收能力理论和动态能力理论，构建出吸收能力与公司创业之间的假设、吸收能力的中介假设及高层管理者支持的调节效应假设；第四，通过对研究假设的检验，分析跨界搜寻与吸收能力的影响关系、吸收能力对公司创业产生的影响、吸收能力在跨界搜寻和公司创业之间的中介影响、高层管理者支持在跨界搜寻与公司创业之间调节作用、高层管理者支持在吸收能力与公司创业之间的调节影响等问题；第五，根据假设检验结果，得出研究结论，给出实践启示。本书的技术路线如图 1 – 1 所示。

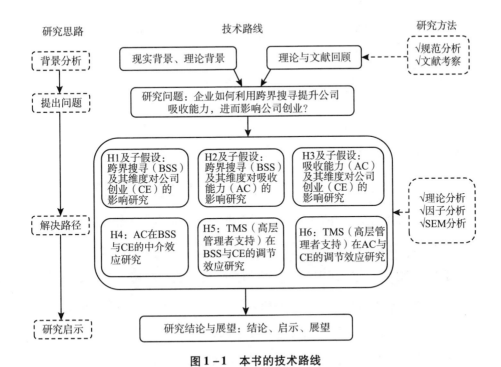

图 1-1　本书的技术路线

资料来源：作者整理而得。

1.4.2　技术路线

通过对企业调研数据的实证分析，本书求证企业的跨界搜寻、吸收能力、高层管理者支持与公司创业之间的关系。研究的过程和步骤如下：

第一步，全面、详细地检索下载与研究目标和研究内容相关的国内外参考文献，认真阅读、回顾、梳理参考文献。

第二步，提出研究问题，选定理论，提出研究假设，初步构建理论研究模型，设定研究变量的衡量指标，样本数据的采集与处理。

第三步，构建实证模型，实证结果与分析。本书将结合研究问题，建立合理的跨界搜寻、吸收能力、高层管理者支持与公司创业的回归模型与结构方程模型，在统计软件中实现出实证结果，对实证结果作出科学的分析与解释。

第四步，得出研究结论、给出实践启示与展望。

1.5 研究内容

本书旨在较为全面地探讨企业的跨界搜寻对公司创业的影响，采用理论与实证结合的研究方法探索跨界搜寻对公司创业的影响，吸收能力的中介作用与高层管理者支持在其中的调节作用。一是理论分析跨界搜寻、吸收能力、高层管理者支持与公司创业的相关内容，二是通过构建跨界搜寻变量、吸收能力变量、高层管理者支持变量与公司创业变量，运用实证研究的方法全面分析在中国情境下的企业跨界搜寻、吸收能力、高层管理者支持及公司创业活动的现状，最后给出研究结论与展望。

本书的研究内容和章节安排如下：

第 1 章绪论。本章内容包括：研究的现实背景与理论背景、问题的提出与研究目的、研究方法、研究思路、技术路线、研究内容和本书可能的创新。

第 2 章文献综述。本章将对跨界搜寻、吸收能力、高层管理者支持与公司创业等文献进行梳理，分析总结跨界搜寻的内涵、维度、策略与影响因素，吸收能力的内涵、理论模型、维度及影响因素，高层管理者支持的内涵、维度及影响因素，公司创业的内涵、研究视角、维度及研究成果。通过回顾研究变量的研究进展，为本书提供理论的依据和方法上的参考借鉴。

第 3 章理论基础与研究假设。本章首先阐述组织搜寻理论、吸收能力理论及动态能力理论等理论基础。其次根据理论基础，提出变量之间的研究假设，即跨界搜寻与公司创业之间关系的假设、跨界搜寻与吸收能力之间关系的假设、吸收能力与公司创业之间关系的假设、吸收能力在跨界搜寻与公司创业之间中介作用的假设、高层管理者支持在跨界搜寻与公司创业之间调节作用的假设、高层管理者在吸收能力与公司创业之间调节作用的假设。最后构建本书的理论模型。

第 4 章研究设计。本章包括问卷设计过程及问卷内容；跨界搜寻、吸收能力、高层管理者支持及公司创业等变量的测度；预测试样本数据收集与分析：数据收集、信度和效度分析、探索性因子分析；正式样本数据收集与分析：描述性统计分析及正态性分析、相关系数矩阵分析、信度和效度分析及验证性因子分析。

第 5 章研究假设的检验。本书采用 SPSS20.0 统计软件，建立回归模型进行检验：跨界搜寻和公司创业关系模型的假设 1 和子假设检验；跨界搜寻和吸收能力关系模型的假设 2 和子假设检验；吸收能力和公司创业关系模型的假设 3 和子假设检验。本书采用 Mplus7.0 统计分析软件采用结构方程模型方法检验假设 4 ~ 假设 6，吸收能力在跨界搜寻与公司创业之间中介效应的假设 4 检验；高层管理者支持在跨界搜寻和公司创业之间调节效应的假设 5 检验；高层管理者支持在吸收能力和公司创业之间调节效应的假设 6 检验。

第 6 章研究结论与展望。本章将对研究结论进行总结，阐述本书对实践的启示作用。同时，客观地指出本书的不足，对未来的研究方向和研究内容进行展望。

1.6 理论创新

根据现有的研究客观来看，本书在以下三个方面存在理论创新。

现有研究对于跨界搜寻通过吸收能力影响公司创业的过程机制还处于理论上的"黑箱"。本书结合组织搜寻理论、吸收能力理论和动态能力理论对这一问题作出了回应，指出并证实了吸收能力和高层管理者支持是跨界搜寻影响公司创业的重要过程机制。

（1）本书将跨界搜寻、吸收能力这两个影响公司创业的关键因素和公司创业整合在一个理论框架中，从理论上揭示了跨界搜寻、吸收能力对公司创业的影响。

现有文献在研究跨界搜寻、吸收能力和公司创业关系时，主要是研究跨界搜寻和吸收能力对企业创新能力的影响，外部搜寻和市场搜寻在吸收能力与公司创业之间的调节作用，环境作为外部因素与吸收能力作为内部因素对公司创业产生的调节影响，及公司创业对公司绩效产生的影响，将跨界搜寻和吸收能力作为公司创业前因变量的研究比较少，本书将跨界搜寻划分为科技驱动型跨界搜寻、市场驱动型跨界搜寻、共性技术导向跨界搜寻和产品技术导向跨界搜寻四个维度，分析它们和吸收能力与公司创业之间不同的影响关系，对公司创业的理论研究进行了拓展。

（2）本书提出并验证了跨界搜寻对公司创业的影响过程中吸收能力的中介作用。现有文献研究跨界搜寻与公司创业关系的较少，基本是从跨界搜寻对企业创新能力的作用进行研究，对吸收能力在这一影响过程中的中介作用关注较少。本书在研究跨界搜寻对公司创业的影响过程中，考虑了吸收能力这个重要的内部影响因素，提出并检验了它和跨界搜寻、公司创业之间的关系，以及它在跨界搜寻和公司创业之间关系中所起到的中介作用。

（3）本书提出并验证了跨界搜寻对公司创业的影响过程中及吸收能力对公司创业的影响过程中，高层管理者支持在其中的调节作用。尽管跨界搜寻所获取的异质性知识为公司创业活动提供知识基础，吸收能力对公司创业产生重要影响，但公司创业活动的实施更为重要。本书采用实证的方法，探讨了高层管理者支持分别影响跨界搜寻与公司创业之间关系及吸收能力与公司创业之间关系有效性的路径，在理论上拓展了高层管理者支持影响的研究范围，为高层管理者支持在公司创业中的深入探索提供了一个新的理论视角。

第2章

文献综述

围绕本书的研究问题，本章将对所涉及的跨界搜寻、吸收能力、高层管理者支持与公司创业相关研究，进行较为翔实的文献回顾，进一步厘清本书与当前研究成果的理论传承与拓展关系，从而为本书研究假设、理论模型构建及后续实证研究提供理论基础。

2.1 跨界搜寻研究

如何才能充分利用跨界搜寻的概念，探索未来富有成效的概念扩展？本书系统地回顾与研究跨界搜寻的内涵和组织搜寻理论，以及知识来源、维度、策略和影响因素。

2.1.1 跨界搜寻的内涵

"跨界"（boundary-spanning）一词最早出现在组织理论文献中。本书所研究的"跨界搜寻"（boundary-spanning search），也有部分学者称之为"跨界搜索"。跨界搜寻概念源于纳尔逊和温特（Nelson & Winter）提出的"远程搜寻"，纳尔逊和温特（1982）首次提出组织搜寻的概念，认为组织搜寻是企业搜集信息以解决问题或在不确定的环境中寻找机会的过程（孟伟，2016；肖丁丁，2013）。从该定义来看，组织搜寻是一种解决问题的活动，也体现为一个组织学习过程（Huber，1991）。

跨界搜寻被认为是通过扩大公司的知识库和内部多样性促进创业（McGrath，2001）。有文献强调可持续的竞争优势更依赖于公司超越本地搜寻并重新配置其知识的行动能力（Kogut & Zander，1992），一些学者引入了构造旨在捕捉重新配置公司的知识库。如科古特和赞德（Kogut & Zander，1992）强调组织边界的重要性：企业在现有知识的基础上吸纳外部知识，意味着公司必须从其边界外部获得这些外部知识。类似地，亨德森和科伯恩（Henderson & Cockburn，1994）认为，企业不仅要有能力从组织边界外部获取新知识，还要有能力在组织内整合内外部知识。本纳和图尔曼（Benner & Tushman，2002）认为跨界搜寻是探索性技术搜寻活动。内卡（Nerkar，2003）认为跨界搜寻是指时间远的搜寻，是企业在客户/市场中搜寻新知识（Jansen et al.，2006），是企业将资源投入获得新技能、新流程和新知识的活动中（Atuahene–Gima，2007）。

西杜等（Sidhu et al.，2007）提出了具有代表性的定义，并被国内学者所使用。国内学者从供给、需求和地理位置空间三个维度综合定义了跨界搜寻，跨界搜寻是指在组织外部收集新知识和发现新的机会。供给跨界搜寻指的是企业对一切有关技术新知识和组织投入—产出转换新知识的搜寻。需求跨界搜寻指的是企业在目标或周边市场中搜寻关于互补品、替代品、顾客需求偏好、市场结构及细分市场等领域的新知识。跨地理位置空间搜寻是指企业搜寻不同地理区域内的当地专有知识、市场新机会及企业运营经验等活动

（吴增源等，2015）。

肖丁丁（2013）将跨界搜寻（boundary-spanning search）定义为企业通过程序化和可行的跨越组织、技术和认知界限的搜寻活动，以获取异质的知识库、寻找新的合作伙伴和开发潜在的市场，增强其竞争优势。俞位增等（2015）认为，跨界搜寻是一种可以跨越组织、地理及时间边界的知识"远距离搜寻"模式。吴增源等（2015）提出，跨界搜寻是组织跨越单一的组织边界或知识边界或多种边界进行搜寻活动。与该定义比较相似，肖颖（2017）认为跨界搜寻是企业跨越某一类组织边界、知识边界或多重边界而开展的搜寻活动。

王琳和魏江（2017）认为，跨界搜寻是指制造企业在动态环境中跨越组织边界开展外部知识的搜寻活动。殷俊杰和邵云飞（2017）将跨界搜寻均衡界定为企业同时执行市场知识跨界搜寻和技术知识跨界搜寻，并在两者间保持适度平衡。张月月等（2018）认为，跨界搜寻是指组织跨越某种边界进行的搜寻活动。

2.1.2　跨界搜寻的维度

在这一部分，本书将梳理并总结主流学者对跨界搜寻维度的研究进展。

1. 罗森科普夫和内卡的组织跨界搜寻

罗森科普夫和内卡（Rosenkopf & Nerkar，2001）研究认为，要超越本地搜寻需要进行探索跨越一些边界，无论是组织还是技术。笔者创建了一种探索行为的类型：本地搜寻范围没有边界，外部跨界搜寻只跨越企业边界，内部跨界搜寻仅跨越技术边界，并进行激进搜寻跨越两个边界。

如图 2-1 所示，罗森科普夫和内卡（2001）考虑的是知识库是企业内部的还是外部的，以及建立在知识之上的是来自相似或远程的技术。这种类型隐含的探索是由公司的一些技术子单元进行的。是否整合来自远程技术领域的知识或专注于类似的知识是技术子单元需要面临的选择。它还面临着是否选择公司内部的知识或其他技术子单元的知识或外部来源的知识。在跨越边界的语言中，子单元面临是否跨越边界的选择，即一个边界（技术或组织），或两者兼而有之。两个非对角线代表了在本地和激进极端之间的探索类型。

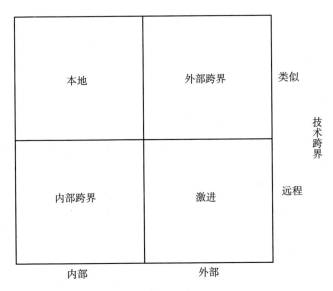

图 2 - 1　罗森科普夫和内卡（2001）组织跨界

　　本地探索是建立在公司内部的类似技术之上的，组织和技术边界都没有跨越，其活动包含在技术子单元内。激进探索建立在不在公司内的远程技术之上。技术子单元利用来自不同技术领域的知识，并且不从公司的其他子单元获得这些知识。因此，在这种类型的探索中，组织和技术边界都是跨越的。"内部跨界"探索整合了企业内部技术上的远程知识。技术子单元利用来自不同技术领域的知识，也能够获得公司内其他子部门的知识。"外部跨界"探索整合了与技术紧密相关的其他组织的知识。技术子单元既利用其自身技术领域的知识，也从外部来源获得知识。

2. 西杜等的跨界搜寻

西杜等（Sidhu et al.，2007）将跨界搜寻维度划分为供应方搜寻、需求方搜寻和地理空间搜寻，并提出了每一维度下的测量题项，这一量表的构建为后续的国内外研究者提供了可借鉴的样本，具体如表2-1所示。

表2-1   西杜等（2007）的跨界搜寻

维度	题项
供应方搜寻	我们非常了解行业内的技术和技术发展
	我们的信息收集工作涵盖了所有采用我们使用的技术的行业
	我们对技术上相关的行业进行仔细观察
	我们几乎不了解在新产品领域使用现有生产设施的机会（反向题）
	我们密切关注那些不积极参与我们产品领域的公司，但这些公司拥有与我们相当的技能和专业知识
	在我们公司，对供应商行业的产品和工艺技术的进步密切关注
需求方搜寻	我们密切关注针对客户的公司的营销策略
	我们只关注与客户偏好相关的关键的产品变化
	收集有关客户产品偏好的信息很少，我们目前没有服务的团体（反向题）
	我们对满足与我们相同的客户需求的行业的发展是众所周知的，尽管它们的产品完全不同
	我们密切关注提供互补产品的公司的活动
	我们非常了解客户的产品和工艺创新工作
地理空间搜寻	我们了解我们经营所在地区的所有重要机会
	我们几乎不了解新地理市场的潜在机遇（反向题）
	我们充分了解邻近地区产品的价格和质量方面
	我们密切关注我们工业部门的公司活动，但在我们的地理区域之外开展业务

3. 李莹等的跨界搜寻边界维度

李莹等的跨界搜寻边界维度如图 2 - 2 所示。

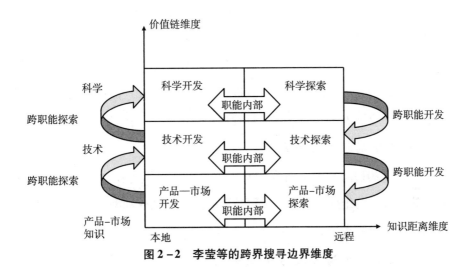

图 2 - 2　李莹等的跨界搜寻边界维度

李莹等（2008）在已有文献的基础上提出了一个不是要发展新理论而是澄清早期研究中不同观点之间关系的目标框架。它澄清了知识领域之间价值链和知识距离即搜寻范围的关系。该框架指出了早期价值链在本质上比后期价值链更具探索性的活动。基于"职能域"和"知识距离域"，笔者提出一个用于定义职能内部探索和开发以及跨职能探索和开发的框架。这个框架也有助于解释公司如何实现组织的双重性结合，即职能内部和跨职能探索与开发。企业不仅可以在价值范围内沿着不同维度的链函数搜寻进行平衡探索和开发，也能跨越价值链功能。该研究表明了目前的研究差距并提供指导未来的探索和开发研究。整合不同的搜索范围如科学、技术、产品及市场搜寻也应在未来的研究中得到高度重视，这在框架中可以反映出来，一方面是科学与技术之间；另一方面是技术与新产品开发之间。

李莹等（2008）区分了对技术至关重要的价值链中三种类型的知识。科学知识作为技术开发的源泉，为开发新产品或服务提供了机会。基于科学

驱动的技术进行开发新产品的公司必须了解两个过程：第一，它们需要了解
如何从新的科学见解中成功开发新技术；第二，它们需要将新技术转化为新
的能盈利的商业模式。技术创新，通常是新专利的引用，只是一个中间产
出。真正重要的是在市场中成功引入新产品或服务。大多数研究都集中在中
间产出，即专利，而不是将产品或服务作为最终的创新成果。关键的挑战是
将三个功能作为一个整体连贯的方式进行管理。科学和产品市场知识有不同
的驱动机制，应该以不同的方式进行管理。

4. 肖丁丁的跨界搜寻维度

肖丁丁（2013）在前人研究的基础上分别从组织边界与技术边界方面
构建了跨界搜寻的维度，并划分成科技驱动型、市场驱动型、共性技术导向
及产品技术导向跨界搜寻四个维度。

5. 张文红等的跨界搜寻维度研究

张文红等（2011）在已有文献的基础上从知识类型和知识距离两个维度，
提出了跨界搜寻的概念，跨界搜寻是通过跨认知、跨地域和跨时间边界的搜
寻活动，目的是发现新的科学知识、市场知识和技术知识（见图2-3）。

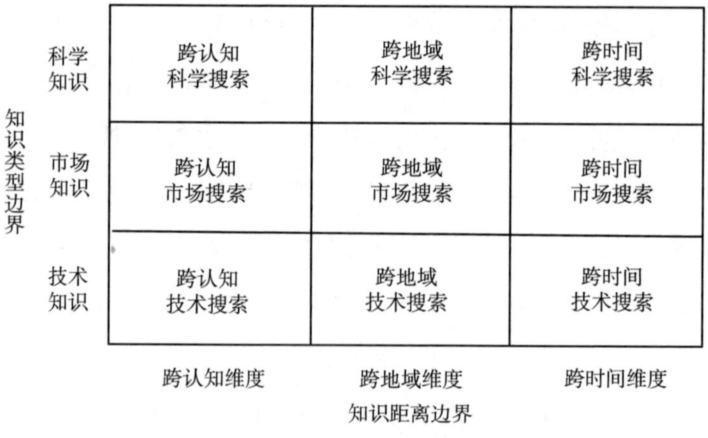

知识类型边界	跨认知维度	跨地域维度	跨时间维度
科学知识	跨认知科学搜索	跨地域科学搜索	跨时间科学搜索
市场知识	跨认知市场搜索	跨地域市场搜索	跨时间市场搜索
技术知识	跨认知技术搜索	跨地域技术搜索	跨时间技术搜索

知识距离边界

图2-3 张文红等（2011）多维跨界搜寻模型

张文红等在研究中只考察了跨界搜寻的技术知识和市场知识两个维度对制造业的服务创新和产品创新的影响（郭利娜，2011；陈斯蕾，2013；张文红、陈斯蕾、赵亚普，2013；张文红、赵亚普，2013；张文红、赵亚普、陈爱玲，2014）。

6. 亨利·洛佩兹 - 维加等的跨界搜寻

亨利·洛佩兹 - 维加、弗雷德里克·泰尔和维姆·万哈弗贝克（Henry Lopez - Vega，Fredrik Tell & Wim Vanhaverbeke，2016）为了理解搜寻，结合 "位置" 和 "如何" 搜寻的维度，建议两个知识搜寻维度：搜寻空间（本地或远程）和搜寻启发式（经验或认知）（见图 2 - 4）。结合这两个维度，区分了四条搜寻路径：定位搜寻路径、类比搜寻路径、复杂搜寻路径和科学搜寻路径。寻求这些搜寻路径，需要思考跨界机制（Fleming & Waguespack，2007；Rosenkopf & Nerkar，2001）来识别理念和技术市场中的解决方案，并将技术需求与特定的技术群体或科学解决者相连接。

寻找外部知识对于企业的创新活动至关重要。探讨了搜寻的动态和方向，提出了组织搜寻涉及两个方面（Gavetti & Levinthal，2000）。第一个是指在哪里搜寻，即解决方案的位置—局部或远距离—与现有解决方案的关系（Katila & Ahuja，2002；Levinthal，1981）；第二个问题涉及如何搜寻和搜寻应用启发式，即体验式或认知式搜寻（Gavetti & Rivkin，2007；Nickerson & Zenger，2004）。

亨利·洛佩兹 - 维加等（2016）研究认为，跨界搜寻机制包括识别具有解决类似技术领域问题经验的解决方案提供者，以提供完善的解决方案，主要强调公司搜寻定位在于寻找解决方案提供者。此外，跨界搜寻也确定了需要时间来响应的解决方案提供者的特定网络。公司必须评估技术解决方案的潜在成功，每个搜寻路径都有特定的目标、特征、选择标准和预期的解决方案类型（见图 2 -4），问题框架和跨界机制的应用也会不同。

<table>
<tr><td>类比路径
目标：重组
特征：使用远程领域的经验
知识反馈当前行动
相邻搜寻概念与相关研究：
跨界搜寻（Laursen，2012；
Rosenkopf & Nerkar，2001），
技术代理（Hargadon & Sutton，
1997），重组搜寻（Carnabuci &
Operti，2013）</td><td>科学路径
目标：突破
特征：创造新理论得出前馈的
预测陈述，反过来，对潜在未来
提出一般性主张
相邻搜寻概念与相关研究：
创新搜寻（Levinthal & March，
1981），探索（March，1991），
科学搜寻（Fleming & Sorenson，
2004）</td></tr>
<tr><td>定位路径
目标：试错法改进
特征：在先前解决方案附近
实验，以反馈当前行动
相邻搜寻概念与相关研究：
改进搜寻（Levinthal & March，
1981），开发（March，1991），
本地实验（Gavetti & Levinthal，
2000），本地搜寻（Stuart &
Podolny，1996；Martin & Mitchell，
1998）</td><td>复杂路径
目标：解惑
特征：使用既定理论得出预测
结果的陈述
相邻搜寻概念与相关研究：
演绎推理（Gavetti & Rivkin，
2007），技术轨道（Dosi，1982），
路径深化搜寻（Ahuja & Katila，
2004）</td></tr>
</table>

图2-4 亨利·洛佩兹-维加等（2016）的搜寻路径框架

7. 彭本红和武柏宇的跨界搜寻维度

彭本红和武柏宇（2017）从跨界搜寻嵌入模式将跨界搜寻划分为供应端和需求端跨界搜寻，从路径模式的角度将跨界搜寻划分空间跨界搜寻、主动跨界搜寻和被动跨界搜寻。

8. 张月月等的跨界搜寻维度

张月月等（2018）等在文献的基础上对跨界搜寻作了划分，具体如表2-2所示。

表2-2   张月月等（2018）的企业跨界搜寻维度

类型	维度	作用
组织边界搜寻	企业边界	组织进行企业内搜寻
	产业边界	企业要充分搜寻边界内的知识与边界外的知识，增加知识存量
知识边界搜寻	认知边界	企业搜寻的新知识与原有知识的相似程度，优化其知识结构的异质性知识
	地理边界	跨越省、市边界或国家边界
	时间边界	根据知识搜寻的时间跨度将跨界搜寻分为旧知识搜寻和新知识搜寻

综合而言，本书对国内外主流文献（2001～2018年）跨界搜寻的边界与维度进行了梳理与归纳，将边界划分为组织边界、技术边界、时间边界、认知边界、属性边界、供应链边界和其他边界，跨界搜寻的边界和维度划分及相关的代表性学者如表2-3所示。

表2-3   国内外主要学者的跨界搜寻的边界与维度

边界	维度	代表性研究
组织边界	• 组织内搜寻和组织外搜寻 • 本地搜寻和远程搜寻 • 搜寻深度、广度与搜寻导向	罗塔尔梅尔（Rothaermel, 2001）；罗森科普夫和内卡（Rosenkopf & Nerkar, 2001）；阿胡贾和兰伯特（Ahuja & Lampert, 2001）；本纳和图什曼（Benner & Tushman, 2002）；卡蒂拉和阿胡贾（Katila & Ahuja, 2002）；阿胡贾和卡蒂拉（Ahuja & Katila, 2004）；内卡（Nerkar, 2003）；内卡和罗伯茨（Nerkar & Roberts, 2004）；劳森和索尔特（Laursen & Salter, 2006）；苯等（Phene et al., 2006）；李等（Li et al., 2008）；吴晓波等（2008）；魏江和冯军政（2009）；王和李（Wang & Lee, 2010）；陈和万哈弗贝克（Chen & Vanhaverbeke, 2011）；吴和魏（Wu & Wei, 2013）；郑华良（2012）；邬爱其和李生校（2012）；奉小斌和陈丽琼（2014）

续表

边界	维度	代表性研究
技术边界	● 产业内技术搜寻和产业间技术搜寻 ● 技术知识和市场知识	罗森科普夫和内卡（Rosenkopf & Nerkar, 2001）；弗莱明（Fleming, 2004）；哈格多恩和带斯特斯（Hagedoorn & Duysters, 2002）；弗莱明和索伦森（Fleming & Sorenson, 2004）；苯等（Phene et al., 2006）；吉尔新和午树（Gilsing & Nooteboom, 2006）；丹尼尔斯（Danneels, 2002；2008）；李等（Li et al., 2008）；李英等（Ying Li et al., 2008）；郭国庆、吴剑峰（2007）；马如飞（2009）；魏江、冯军政（2009）；张文红等（2011；2014）；郭利娜（2011）；张文红、赵亚普（2013）；陈斯蕾（2013）；肖丁丁（2013）；李等（Li et al., 2014）；王素娟、王建智（2016）；刘曜玮（2017）；肖丁丁等（2017）；邓昕才等（2017）；王琳、魏江（2017）；蔡赈赈（2017）；王旭超等（2018）
时间边界	新知识、旧知识	卡蒂拉和阿胡贾（Katila & Ahuja, 2002）；魏江和冯军政（2009）；李等（Li et al., 2014）；张月月等（2018）
认知边界	● 科学搜寻 ● 地理搜寻 ● 产品搜寻	罗森科普夫和内卡（Rosenkopf & Nerkar, 2001）；阿胡贾和兰伯特（Ahuja & Lampert, 2001）；本纳和图什曼（Benner & Tushman, 2002）；内卡（Nerkar, 2003）；卡蒂拉和阿胡贾（Katila & Ahuja, 2002；2004）；李英等（Ying Li et al., 2008）；马如飞（2009）；张文红等（2011）；肖丁丁（2013）；李等（Li et al., 2014）；肖丁丁等（2017）；张海军（2017）；胡保亮等（2018）
属性边界	问题搜寻、冗余搜寻、制度化搜寻	迪赛（Desai, 2010）
供应链边界	● 供应端搜寻 ● 需求端搜寻 ● 市场搜寻	切斯布洛（Chesbrough, 2003）；西杜等（Sidhu et al., 2004；2007）；法姆斯等（Faems et al., 2005）；詹森等（Jansen et al., 2006）；索夫卡和格林佩（Sofka & Grimpe, 2010）；熊伟等（2011）；林和李（Lin & Li, 2013）；彭本红和武柏宇（2017）；胡保亮等（2018）
其他边界	联盟边界搜寻	哈格多恩和戴斯特斯（Hagedoorn & Duysters, 2002）；法姆斯等（Faems et al., 2005）；林等（Lin et al., 2007）；拉维（Lavie, 2006；2007；2009）

资料来源：肖丁丁. 跨界搜寻对组织双元能力影响的实证研究 [D]. 广州：华南理工大学，2013.

2.1.3 跨界搜寻的策略

卡蒂拉和阿胡贾（Katila & Ahuja，2002）将搜寻策略定义为组织为解决问题而对技术思想的创造与重组的活动。企业在与现有知识相关联的领域内搜寻以寻求问题解决方案（Knudsen & Srikanth，2014；禹献云和周青，2018）。格林佩和索夫卡（Grimpe & Sofka，2009）认为，搜索策略不仅应只考虑外部知识资源的供应主体特征和搜寻的范围，而且还应考虑企业对现有知识的重用程度、对获取知识源的信息处理能力和优先事项，还应反映诸如环境动荡性特征、技术特征等因素的影响。根据国内外相关研究，本书将从搜索特征和搜索时机两个方面简要回顾。

2.1.3.1 搜寻特征

1. 反应型搜寻与前瞻型搜寻

企业需要在反应型搜寻和前瞻型搜寻之间作出选择。芮正云和罗瑾琏（2016）参考张和段（Zhang & Duan，2010）、范志刚和吴晓波（2014）的观点，将知识搜寻策略划分为反应型和前瞻型两种搜寻模式。其中，反应型搜寻是指企业在现有市场的基础上，根据现有知识展开外部新知识的积累式搜寻，以实现知识的优化，从而适应外部市场和技术的变化；前瞻型搜寻是指企业通过积极尝试新知识，以摆脱现有技术轨迹和实践，或领先进入新市场来满足潜在市场客户的需求（刘富先，2017）。

2. 搜寻深度和搜寻宽（广）度

无论跨越哪种边界的搜寻，企业都需要考虑搜寻行为中"度"的问题：深度与广度。卡蒂拉和阿胡贾（2002）首次提出了搜寻广度和搜寻深度的概念，并研究得出，搜寻广度对产品创新有正向影响，而搜寻深度则与产品创新呈现倒"U"型关系。企业依据现有知识库的特征进行搜寻，劳森和索尔特（Laursen & Salter, 2006）提出跨界搜寻的搜寻深度和搜寻宽度（广度）两个经典维度（Zhang & Li, 2010；奉小斌和陈丽琼，2014）。费雷拉斯－门德斯（Ferreras－Méndez, 2016）将跨界搜寻分为搜寻宽度和搜寻深度，结果表明搜寻宽度和搜寻深度与企业创新能力正相关（Dahlander et al., 2013）。搜寻宽度是指组织搜寻的横向范围，即组织创新活动所涉及的外部知识源（Laursen & Salter, 2004）或搜寻渠道的数量，它有利于拓宽企业现有知识库的幅度和增加知识源的种类，有助于企业获取互补性的知识。

劳森和索尔特（2006）研究了搜寻策略对外部知识的影响，广度和深度作为开放性外部搜寻策略的两个组成部分。广度是单独搜寻的渠道数量，如供应商、竞争对手、用户、研究机构和大学（Laursen & Salter, 2006；2014），能为公司提供更多更好的解决方案，创造出更多的新产品或服务。相反，深度是企业吸引这些外部来源或搜寻渠道的程度。

然而，广泛的搜寻是有成本的（Katila, 2000；Afuah & Tucci, 2012；张文红等，2014；刘曜玮，2017）。劳森和索尔特（2006）认为，管理者可能会过度搜寻外部资源，过度搜索会存在负面效应（禹献云和周青，2018；吴晓波等，2013；Ahuja & Lampert, 2001），降低新洞察出现的可能性，会导致有影响力的创新产出减少。张文红等（2014）指出在搜寻初期企业很难从陌生区域寻得有价值的知识，且面临较高的搜寻成本。管理者需要投入时间并且努力理解不同的外部知识渠道，因为事前他们很难知道哪个外部知识来源对公司是最有价值的（Laursen & Salter, 2006；奉小斌和陈丽琼，2014）。搜寻深度并非越深越好，搜寻深度对技术创新的促进作用存在一个临界值（禹献云和周青，2018）。

费雷拉斯－门德斯等（2016）研究分析了搜寻策略的广度和深度如何影响企业吸收能力的维度：探索、转化和应用。吸收能力的多维方法研究不同外部知识搜寻策略对其的影响维度，帮助理解是一些公司而不是其他公司能够利用外部资源的知识的原因。可能是外部知识搜寻策略之间的这些关系对吸收能力的维度并不总是产生积极的影响。这种现象的一种解释可能是与其他组织的合作会导致关键技术泄露、信息搜寻和知识的高成本整合（Chen et al.，2011）。

2.1.3.2　跨界搜寻时机：领先、追赶、同步

根据西尔特和马奇（Cyert & March，1963）的研究，搜寻时机的选择具有动态性和时效性，特别是存在许多竞争对手的动荡环境中。在信息完全对称的假设下，企业间的搜寻活动大多是并行搜寻，即独立的企业为解决同一问题而同时开展的搜寻活动（陈君达、邬爱其，2011；Nelson，1959），也就不存在搜寻时机选择而给企业带来的领先优势。

根据卡蒂拉和陈（Katila & Chen，2008）的研究，前两个是不同步的搜寻，而第三项则是同步搜寻。第一种策略是领先搜寻，企业首先搜寻并使用行业中的特定知识，竞争对手可能会在以后参加此搜寻。由于竞争对手无法提前知道领先企业的技术选择，因此在竞争者中占据重要地位的领先企业不存在拥挤的风险，会试图提供比竞争者的产品更具吸引力的创新产品。第二种策略是追赶搜寻，当对手率先在行业中使用专门知识后，后发企业进行追赶搜寻获取相关知识并对其进行利用。企业需要将搜寻的结果与竞争对手的搜寻结果保持一致，或者跟踪其他企业在同一地区的搜寻活动以获取外部知识。并且，产品开发工程师为了实现研发目的，往往会反复搜寻某个特定的知识元素，从而能够更好地将获取的知识有效地结合并整合成创新的组合。所以，追赶搜寻可能会产生更多的创新产品。第三种策略是同步搜寻，企业及其竞争对手同时使用特定知识，并且可能会继续采用同时搜寻策略。有关企业搜寻时机的选择分类如图 2 - 5 所示。

企业	无搜寻行为	探索式搜寻	开发式搜寻
开发式搜寻	企业独自开发	竞争者 后期探索 同步	同步开发
探索式搜寻	企业独自探索	领先 同步探索	企业 后期探索
无搜寻行为		竞争者 独自探索　追赶	竞争者 独自开发

图 2 - 5　卡蒂拉和陈相对竞争对手搜寻时机选择分类

布德罗等（Boudreau et al. ，2011）认为，企业必须慎重选择搜寻边界、搜寻内容和搜寻的时机，超前于竞争对手并垄断前沿的市场和技术信息，以在动态的市场竞争中占有领先优势，肖丁丁（2013）也认同这一观点。

2.1.4　跨界搜寻的影响因素

组织搜寻领域研究越来越关注诸如企业内部吸收能力（Rothaermel & Alexandre，2009），知识库深度与广度（George et al. ，2008），外部环境动态性（Sidhu et al. ，2007）等内外部因素如何影响跨界搜寻的有效性（吴晓波等，2013）。根据以往研究者的成果，本书将跨界搜寻的影响因素分为内部因素和外部因素。

2.1.4.1　内部因素

内部因素主要是组织因素，如企业的吸收能力、研发强度、冗余资源、组织结构、企业文化和管理者特征、商业模式、战略柔性、高管团队行为整合、网络嵌入特征等因素均会影响搜寻策略的选择与实施过程（袁健红和龚天宇，2011）。

（1）企业吸收能力。费雷拉斯－门德斯等（2016）认为，广泛而深入的搜寻与绩效之间具有倒"U"型的曲线关系（Laursen & Salter，2006、2014；Rothaermel & Alexandre，2009；Phene et al.，2006；Ahuja & Katila，2004；Katila & Ahuja，2002；吴晓波等，2013），然而，这些研究没有考虑可能涉及的内部机制和可能会产生的效果。因为公司应用新外部知识创造产品和服务的能力取决于其吸收水平能力（Lane et al.，2006；Reza et al.，2014），分析搜寻策略对吸收能力学习过程的知识所产生的影响，有助于进一步了解为什么有些公司能够利用外部知识，而其他公司则不然。

（2）管理者特征。风险偏好型的管理者会制定企业的长期发展战略并寻找突破性的创新机会，偏好于采用探索性搜寻来获得与现有知识异质性较大的外部新知识；风险规避型的管理者倾向于企业短期利润和稳定增长的实现，而采用开发式搜寻策略，往往根据过去的搜寻经验沿着现有知识库搜寻与之较为相似的知识（张海军，2017；Lewin et al.，1999）。管理者在搜寻过程中投入的资源、精力和持续性会对跨界搜寻的模式和结果产生直接影响（Acar & Ende，2016；Li et al.，2013）。管理者是公司创业活动的核心决策人，其认知结构和领导风格对跨界搜寻的关注程度及对新信息和新知识的获取会产生重要影响（叶竹馨、买忆媛，2016）。

（3）高管团队行为整合。胡保亮等（2018）研究发现，需求侧搜寻、供应侧搜寻与跨地理空间搜寻对商业模式创新具有显著的积极影响；高管团队行为整合会分别通过需求侧搜寻、供应侧搜寻与跨地理空间搜寻的中介作用而影响企业的商业模式创新。

（4）网络嵌入特征。张文红、赵亚普和陈爱玲（2014）研究发现，企业的外部研发机构联系积极影响了市场知识和技术知识的跨界搜寻，并且外部研发机构联系对市场知识跨界搜寻的影响比对技术知识跨界搜寻的影响弱一些。

2.1.4.2 外部因素

跨界搜寻同样会受到外部因素的影响：环境的动态性、贸易保护主义经济环境、竞争强度、竞争者的搜寻活动情况、外部技术可得性及技术复杂度与独占性。

（1）外部环境。企业为了适应竞争环境，需要及时采取带有风险性的搜寻行动。由于产品生命周期的缩短、市场需求的动态变化和技术变化的加剧，企业在现有知识的基础上开发新产品或新服务的难度越来越大，这就鼓励企业通过搜寻外部知识来更新现有知识，通过对内外部知识的整合利用进一步提升企业的创新能力，有效匹配动态不定的环境（张峰和刘侠，2014；Jansen et al.，2012）。

当外部环境发生较大变化时，就会出现大量的创新理念、新产品和技术知识，为减少客户需求变化的不确定性和外部技术复杂性所带来的负面效应，企业会随之调整其搜寻策略，如拓宽搜寻范围，以获取更多创新所需的互补性知识，并对内外部知识进行整合利用（蔡赜赜，2017；Leiponen & Helfat，2010；Laursen & Salter，2006；Van Den Boscheaj et al.，1999）。

（2）竞争强度。竞争强度会影响企业的知识搜寻偏好和行为（Bergen-holtz，2011），企业在激烈的市场竞争环境中，只有积极开展知识搜寻，重构企业的知识库，才能提升企业的产品创新能力，实现持续增长，保持企业的竞争优势和地位（张海军，2017；Piezunka & Dahlander，2015；郭利娜，2011）。

（3）技术垄断性。当外部垄断程度较高时，技术持有企业可以长期获得超额利润，增强了企业通过跨界搜寻实现开放式创新的动力，会激励企业投资于外部知识的搜寻和内部研发活动，促进了新知识的创造；当外部技术垄断性较低时，企业的创新知识得不到有效保护，将会降低企业创新的意愿，企业将选择模仿而不是自主研发，减少跨界搜寻活动，更不会在深度搜寻上投入成本去获取外部新知识，而只是整合和利用现有知识（肖丁丁，2013；Laursen & Salter，2014）。

2.1.5 对跨界搜寻研究的述评

本书在上述从跨界搜寻的定义内涵、维度、搜寻策略及影响因素等，对跨界搜寻及组织搜寻理论的相关研究进行了较为翔实的回顾。然而，尽管国内外学者对跨界搜寻的研究较为丰富，但仍存在研究的空间：（1）现有研究无法反映企业跨界搜寻的内容对吸收能力及公司创业产生的影响。（2）现有研究的重点主要是跨界搜寻的不同维度对企业产品创新或创新绩效的直接影响，虽有研究者涉及跨界搜寻与组织吸收能力之间的关系研究，但尚缺乏较为深入的探索，跨界搜寻如何实现吸收能力的显著提升？跨界搜寻如何通过吸收能力的路径影响公司创业的内在机制尚需进一步深入探索。

根据研究的需要，本书认同并借鉴肖丁丁（2013）对跨界搜寻的定义，即企业跨越组织、技术与认知等边界，通过程序化和可行的搜寻活动，获取异质性知识库、开发潜在市场、寻找新的合作伙伴，从而增强其竞争优势的行为过程。跨界搜寻包含四个维度：科技驱动型跨界搜寻是企业跨越组织边界搜寻科学、技术等知识源的活动；市场驱动型跨界搜寻是企业跨越组织边界搜寻关于顾客需求、产品设计、材料改进等市场信息的活动；共性技术导向跨界搜寻是企业在对客户需求偏好与技术发展趋势判断的基础上，渐进性改进现有的产品工艺与设计；产品技术导向跨界搜寻主要注重获取较为成熟的专有技术知识，以达到优化现有生产流程和改进当前产品工艺的目标。

2.2 吸收能力研究

本书首先从吸收能力的内涵出发,较为系统地回顾吸收能力的理论模型、维度及影响因素。

2.2.1 吸收能力的内涵

"吸收能力"这一概念最初出现在有关经济发展和对外援助的文献中,后来经过学者们对这一概念的拓展,现已经在管理领域被重点研究,并且国外文献中对吸收能力的论述比较多,国内文献则注重引进和应用研究。

在管理研究领域,自科恩和莱文塔尔(Cohen & Levinthal,1990)开创了吸收能力的先河以来,吸收能力已经成为公认的企业竞争优势的关键驱动因素。随着时间的推移,吸收能力也在被其他研究者重新审查和进一步发展。企业中知识的无处不在和普遍性,以及计算、通信与内容技术的快速融合和传播,均为企业提供了增强组织吸收能力的重要机会(Roberts et al.,2012)。

吸收能力作为管理研究的一种重要理论工具而备受青睐,尽管研究者对吸收能力越来越感兴趣,但很少有人认识到吸收能力过程的丰富性和多维度,很少有研究进行详细阐述这些过程以及它们如何随时间而变化。鉴于本研究的需要及为未来研究指明一定的方向,本书对有关吸收能力的主流文献作了如下回顾与阐述。

沃尔伯达等(Volberda et al.,2010)从理论、结构、含义及主要研究者的角度给出了国外学者关于吸收能力的代表性文献总结,如表2-4所示。

表 2-4　　　　　　　吸收能力理论架构：贡献、结构和含义

主要贡献	理论	结构	含义
菲奥尔和莱尔斯（Fiol & Lyles, 1985）；莱维特和马奇（Levitt & March, 1988）；科恩和莱文塔尔（Cohen & Levinthal, 1989；1990）；莱尔斯和索尔克（Lyles & Salk, 1996）；莱恩和卢巴特金（Lane & Lubatkin, 1998）；莱恩等（Lane et al., 2001；2006）；里根和麦克维利（Reagans & McEvily, 2003）；达纳拉吉等（Dhanaraj et al., 2004）	学习理论	组织学习基于直接经验和惯例、历史依赖、目标导向，以及受环境因素影响。先前的相关知识是吸收能力最重要的前提。相对吸收能力比基于研发的吸收能力与组织间学习更紧密相关	吸收能力由三个维度构成：认知、消化和利用。组织内部环境影响吸收能力。分析层次：个体、组织、二元、网络
凯迪亚和巴加特（Kedia & Bhagat, 1988）；科恩和莱文塔尔（Cohen & Levinthal, 1989；1990）；科伯恩和亨德森（Cockburn & Henderson, 1998）；范伯格和古普塔（Feinberg & Gupta, 2004）	创新理论	技术机会和专有制度对创新的影响是通过吸收能力中介的。研发和吸收能力的交互作用能增加公司的知识和增强创新	吸收能力影响创新绩效。文化差异在国家之间影响吸收能力。组织内部环境影响吸收能力
贝蒂斯和普拉哈拉德（Bettis & Prahalad, 1986；1995）；莱尔斯和施文克（Lyles & Schwenk, 1992）；卡里等（Calori et al., 1994）；迪科斯特休斯等（Dijksterhuis et al., 1999）；范登博斯和范维克（Van den Bosch & Van Wijk, 2001）；桑切斯（Sanchez, 2001）；莱诺克斯和王（Lenox & King, 2004）；明巴瓦等（Minbaeva et al., 2003）	管理认知理论	复杂性往往由一个主导逻辑来解决。公司活动的多样性增加了CEO思维地图环境的全面性和复杂性。管理逻辑极大地影响了公司在竞争格局中采取的行动，并出现新的组织形式。由经理提供的信息及个人的能力和动机增强了公司的吸收能力	管理逻辑通过组织形式影响吸收能力，尤其是在复杂环境中。管理者通过直接提供信息开发吸收能力。个人能力和动机能够增强吸收能力

续表

主要贡献	理论	结构	含义
科古特和赞德（Kogut & Zander, 1992）；斯塔巴克（Starbuck, 1992）；加鲁德和纳亚尔（Garud & Nayyar, 1994）；格兰特（Grant, 1996a; 1996b）；范登博斯等（Van den Bosch et al., 1999）；范维克等（Van Wijk et al., 2003）；福斯和佩德森（Foss & Pedersen, 2004）；安德森和福斯（Andersen & Foss, 2005）；马尔霍特拉等（Malhotra et al., 2005）；马图西克和希利（Matusik & Heeley, 2005）	企业的知识基础观	组合能力在利用组织知识中起到关键作用。环境的知识特征影响公司知识吸收的特征。组织形式影响吸收能力的特性。网络属性影响吸收能力水平	高吸收能力增加知识的生产力和数量。组合能力、组织形式和知识特征都会影响公司的吸收能力。当知识共享时，吸收能力尤其重要
科恩和莱文塔尔（Cohen & Levinthal, 1994）；格兰特（Grant, 1996b）；范登博斯等（Van den Bosch et al., 1999）；弗洛伊德和莱恩（Floyd & Lane, 2000）；扎赫拉和乔治（Zahra & George, 2002）；詹森等（Jansen et al., 2005）	动态能力	吸收能力是一种能力，因此需要对其投资。吸收能力本身是一种高水平的能力，它也是较低水平的组织或组合能力的结果。潜在和实现的吸收能力可以被知识的获取、消化、转化和利用能力所打破	吸收能力是一种被其他能力支持的高水平能力。潜在吸收能力由知识的获取能力和消化能力组成。实现吸收能力由知识的转化能力和应用能力组成和社会化能力而增加
科恩和莱文塔尔（Cohen & Levinthal, 1994; 1997）；科萨和勒温（Koza & Lewin, 1999）；勒温等（Lewin et al., 1999）；勒温和沃尔伯达（Lewin & Volberda, 1999）；范登博斯等（Van den Bosch et al., 1999）；惠更斯等（Huygens et al., 2001）；沃尔伯达和勒温（Volberda & Lewin, 2003）	演化理论	宏观进化效应：知识环境随着组织形式与适合吸收知识的组合能力的出现而共同演变。微观进化效应：吸收能力水平的提高导致更容易在随后的时期里积累额外的知识。较高水平的吸收能力提高了期望水平和探索适应的水平	吸收能力增加或限制了公司的适应性。吸收能力与知识环境共同进化。吸收能力的水平和方向由管理行动和在知识环境中的发展共同作用来塑造

资料来源：Volberda H. W., Foss N. J., Lyles M. A. Absorbing the Concept of Absorptive Capacity: How to Realize Its Potential in the Organization Field [J]. Organization Science, 2010, 21 (4): 931 - 951.

除了沃尔伯达等（Volberda et al.，2010）的文献总结外，本书在恩迪格等（Ndiege et al.，2014）的基础上，归纳出国内外主要研究者对吸收能力的定义如表 2 - 5 所示。

表 2 - 5　　　　　　　　　　主要研究者对吸收能力的定义

学者	定义
科恩和莱文塔尔（Cohen & Levinthal，1990）；刘学元等（2016）	认识新外部知识的价值，消化吸收并将其应用于商业目的，并划分成知识获取、知识同化和知识应用
莫瓦瑞和奥克斯（Mowery & Oxle，1995）	处理隐性部分的知识转移和转换这一知识所需的一系列技能
基姆（Kim，1998）	学习和解决问题的能力
莱恩等（Lane et al.，1998；2001）	企业向其他企业学习的能力：识别与评价外部的新知识、内化和运用外部新知识
戴尔和辛格（Dyer & Singh，1998）	企业识别与消化吸收特定联盟伙伴知识的能力
扎赫拉和乔治（Zahra & George，2002）	企业用于获取、消化、转化和应用知识的一系列实践和过程
施密特（Schmidt，2005）	企业获取本产业、其他产业和科研机构的知识的能力
孙和安德森（Sun & Anderson，2010）	组织对科学发现以及超出其限制的技术活动的学习和行动能力
莱恩等（Lane et al.，2006）；林春培、张振刚（2014）	企业内部的用来获得外部资源的能力
孙骞、欧光军（2018）	吸收能力由搜索、获取、同化和利用四个过程对应的能力相互融合形成的能力
斯维斯福斯等（Schweisfurth et al.，2018）	公司从环境中识别、吸收和利用客户需求知识的能力

资料来源：Joshua R. A. Ndiege，Marlien E. Herselman，Stephen V. Flowerday. Absorptive Capacity and ICT Adoption Strategies for SMEs：A Case Study in Kenya ［J］. The African Journal of Information Systems，2014（4）：140 - 155.

2.2.2 吸收能力的理论模型

研究吸收能力的前因和结果变量，需要明确国内外主要学者对吸收能力理论模型的研究进展。

1. 科恩和莱文塔尔的吸收能力基础模型

科恩和莱文塔尔（Cohen & Levinthal，1989；1990）认为，公司吸收能力是认识到新外部知识的价值、消化，并应用到商业活动中的一种关键能力。应用外部知识是公司创新能力的一个关键组成部分，评估和使用外部知识的能力很大程度上取决于公司的先验知识水平。在一定程度上，组织吸收能力的发展是建立在对先前发展领域的投资与个体吸收能力的积累上的。一个公司的吸收能力不是公司员工的吸收能力的简单加总，而是需要考虑吸收能力的哪些方面是明显与组织有关的。吸收能力不仅与公司的获取与消化知识有关，还涉及公司应用外部知识的能力。组织吸收能力不仅仅依赖于与其相联系的外部环境，也依赖于知识源和先验知识。先验知识有利于外部新知识的消化和应用。本书总结了科恩和莱文塔尔（Cohen & Levinthal，1990）所提出的吸收能力基础模型（见图2-6）。

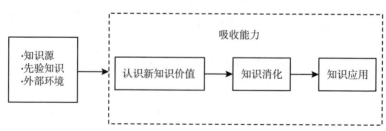

图2-6 科恩和莱文塔尔的吸收能力基础模型

2. 扎赫拉和乔治的吸收能力模型

扎赫拉和乔治（Zahra & George，2002）对吸收能力概念进行了重构，但是他们并没有充分利用（Cohen & Levinthal，1990）最初的概念，只是部分融入了科恩和莱文塔尔（1990）的内容。扎赫拉和乔治（2002）对知识吸收和作为一种组织动态能力的吸收能力的概念进行了文献回顾，并提出了新的概念模型如图 2-7 所示。

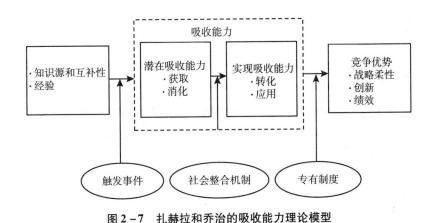

图 2-7　扎赫拉和乔治的吸收能力理论模型

在该模型中，扎赫拉和乔治（2002）提出了吸收能力的前因变量、调节变量和结果变量。其中，知识外部来源和经验是吸收能力的重要前因变量，它也存在着产生吸收能力的诱因，即触发事件。在吸收能力构成中，潜在吸收能力与实现吸收能力对公司的竞争优势创造不同的贡献。社会整合机制则有利于减小潜在吸收能力与实现吸收能力之间的差距。他们认为，知识的外部来源和不同的表现形式会对潜在吸收能力产生很重要的影响。公司在其面临的环境中获取不同来源的知识和知识来源的多样性，均会显著地影响公司对知识的获取和吸收能力，从而产生潜在吸收能力。

如果知识的互补性在公司内部比较低的时候，一个公司的知识获取量大并不能保证该公司拥有高水平的吸收能力。经验会对公司的潜在吸收能力产生影响，特别是它会对外部知识的搜索与获取产生路径依赖，并会影响公司对知识消化的能力。潜在吸收能力主要涉及外部知识的获取能力和消化能力，实现吸收能力则是对外部知识的转化能力和利用能力。转化能力可以帮助公司创造新流程或改进原有流程。应用能力可以将知识转变成新产品，它能够增加组织绩效和产生竞争优势。笔者将吸收能力（AC）划分为潜在吸收能力（PACAP）和实现吸收能力（RACAP）是对吸收能力理论作出的主要贡献，同时分别探讨了两类吸收能力的不同构成与作用，并引入了三种机制。

3. 莱恩等的吸收能力模型

莱恩等（Lane et al., 2006）所构建的以学习过程为导向的定义，为开发更全面的公司吸收能力模型提供了一个起点，该模型包括吸收能力的驱动因素及结果。该模型包含四个部分，其中心是吸收能力的新定义。该模型将公司吸收能力定义为三个维度。在第一个维度中，探索式学习被用来识别和理解新的外部知识。虽然公司的战略集中于其努力程度，但公司的先验知识是个体现有心理模型的函数，影响对新外部知识价值的评估。第二个维度涉及使用变革式学习来消化有价值的外部知识。变革性学习涉及影响新获得的知识如何与现有知识相结合的若干过程。在公司层面，知识管理过程会影响这些知识如何在不同部分之间进行共享和转移。这些过程的预期结果是通过吸收新知识而产生不同组织单元的集体模式的转变。第三个维度侧重于如何使用应用式学习应用被消化吸收的外部最新知识。

外部驱动因素环境条件，公司环境决定了投资与开发吸收能力的动力，研究环境对吸收能力的影响，不仅要检验行业（竞争）环境，还要检验监管环境和知识环境。内部驱动因素包括公司战略、公司成员思维模型特征与公司结构和过程特征。公司战略决定哪些领域的知识是有价值的，哪些领域的知识应该被吸收和应用。

研究一个公司成员的思维和心理特征，可以提供对新知识的认识、新知识如何转化以及新知识如何应用的见解。企业现有的结构和流程至少在短期内限制了哪些知识可以被吸收和应用，从而确定哪些策略是可行的。对于吸收能力的结果变量，笔者考虑了吸收能力研究中的商业产出和知识产出，这两种输出都会影响公司绩效。莱恩等（2006）的具体模型如图 2 - 8 所示。

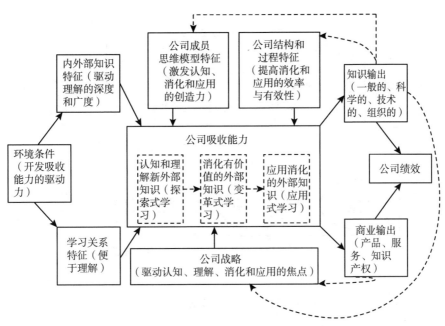

图 2 - 8　莱恩、科卡和帕塔克的吸收能力模型

4. 托多洛娃和杜里辛的吸收能力改进模型

托多洛娃和杜里辛（Todorova & Durisin，2007）认为有必要对吸收能力的构成要素进行补充和增强对它们的重新认识。扎赫拉和乔治（Zahra & George，2002）对吸收能力的构造是模糊的，其理由是如果消化和转化是

可替代的，且不按顺序，转化变成了潜在吸收能力的一部分，那么实现吸收能力仅仅只有应用能力一个构成因素了。因此建议在模型中应当重新引入"认知价值"，对"转化能力"重新定义，阐述"潜在吸收能力"和"实现吸收能力"的概念，对社会化机制的影响作详细阐述，对"权力关系"的角色进行研究，并将反馈循环包含在吸收能力的动态模型中，具体如图 2-9 所示。

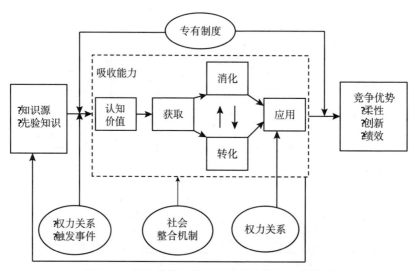

图 2-9　托多洛娃和杜里辛的吸收能力改进模型

5. 福斯福里和特里博的吸收能力模型

福斯福里和特里博（Fosfuri & Tribó，2008）在扎赫拉和乔治（Zahra & George，2002）的吸收能力概念的基础上提出了新的模型，该模型解释了将外部知识转化成创新成果的过程。外部知识来源是潜在吸收能力的主要前因。潜在吸收能力是公司识别和消化外部知识进行创新所必须的，换言之，企业的潜在吸收能力越强，达到创新过程所需要的被消化的外部知识数量就越大。有多少消化的外部知识被应用，并最终有助于创造新的产品，这取决于实现吸收能力的水平。

　　福斯福里和特里博（2008）认为，组织内部知识的有效应用与公司的实现吸收能力水平正相关。因此，潜在吸收能力是在公司与面临的环境之间行动，而实现吸收能力则是在公司内部进行。具体模型如图 2 - 10 所示。

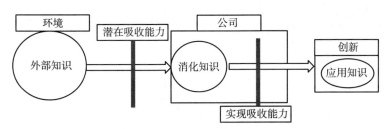

图 2 - 10　福斯福里和特里博的吸收能力模型

6. 萨尔瓦托、夏夏和阿尔贝蒂的吸收能力模型

　　萨尔瓦托、夏夏和阿尔贝蒂（Salvato，Sciascia & Alberti，2009）在其模型中是将吸收能力作为公司创业知识库进行研究的。知识在创新过程中的核心作用，使一些研究者专注于那些旨在获取和存储知识并以新颖方式重新组合知识的组织能力。吸收能力的概念有利于认识和发展组织层面的知识获取、整合和使用机制，它们为现有的机会识别和机会利用的公司创业提供了潜在的有价值的观点，可以了解组织在这一能力方面存在差异的原因，及管理层如何通过其管理有目的地改进此能力。

　　吸收能力有两个组成部分。第一个组成部分主要是影响企业识别公司创业机会的能力。它是在获取和消化外部知识的过程中提供。因此，潜在吸收能力在开发机会识别能力方面至关重要。第二个组成部分主要是影响公司利用创业机会的能力。它体现了旨在转化和利用可获取的外部知识的过程。知识转化和知识利用构成了实现吸收能力，是机会开发过程的核心。从图 2 - 11 可以看到，萨尔瓦托等（2009）的模型在吸收能力的概念上并没有突破，仍然沿用扎赫拉和乔治（2002）的定义，但是其模型强调了吸收能力在构建公司创业中的重要作用。

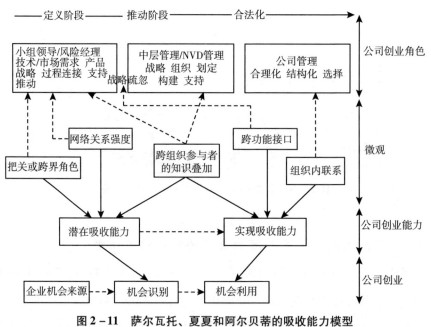

图 2 - 11　萨尔瓦托、夏夏和阿尔贝蒂的吸收能力模型

7. 利希滕塔勒的吸收能力模型

利希滕塔勒（Lichtenthaler，2009）的模型作出了吸收能力概念的创新，提出了基于过程的吸收能力定义：吸收能力是包含对外部知识的认知、消化、保持、激活、转化和应用六维度的能力组合。这一突破性定义被学者借鉴使用（Biedenbach & Müller，2012）。

利希滕塔勒（2009）将技术知识和市场知识确定为吸收能力的组织学习过程中先验知识的两个关键组成部分，探索性、变革性和应用性学习对创新和绩效均产生作用。该研究强调了吸收能力的多维性，并帮助解释从外部知识中获利的企业间差异。此外，研究也强调了动态能力在以技术和市场动荡程度高的环境中的重要性，模型如图 2 - 12 所示。

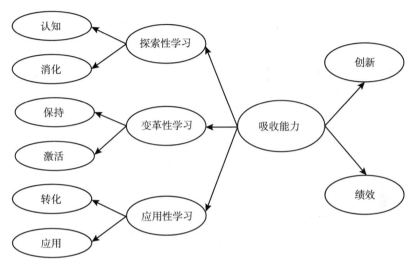

图 2 - 12　利希滕塔勒（2009）的吸收能力模型

8. 沃尔伯达、福斯和莱尔斯的吸收能力总结模型

沃尔伯达等（Volberda et al.，2010）提出了一个关于吸收能力的综合框架。该框架突出了吸收能力的基本维度、其多层次前因、吸收能力的过程维度、吸收能力的结果和影响吸收能力的环境因素。沃尔伯达等（2010）在其框架中借鉴了扎赫拉和乔治（2002）的研究成果，肯定了吸收能力是由潜在和实现两部分构成，并进一步分成知识获取、消化、转化和应用四个子维度，吸收能力的这些维度之间的潜在关系值得更多关注。高水平的知识获取和消化可能会不利于公司对知识的转换和利用，模型如图 2 - 13 所示。

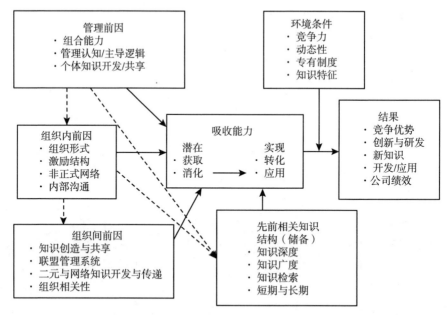

图 2 - 13　沃尔伯达、福斯和莱尔斯的吸收能力总结模型

注：实线箭头代表已有研究成果，虚线箭头表明所存在的研究差距或空间。

9. 安德泽·利斯和阿加塔·苏多尔斯卡的吸收能力模型

安德泽·利斯和阿加塔·苏多尔斯卡（Andrzej Lis & Agata Sudolska，2015）的模型旨在通过开放式创新研究吸收能力对公司创新、绩效和增长的作用。该研究旨在验证：通过培养识别环境中的有价值知识的技能，获取这些知识并吸收、转化和应用，公司能够应用并从开放式创新中受益，以增强其竞争优势。将吸收能力的构建嵌入开放式创新的背景中。该模型是扎赫拉和乔治（2002）以及托多洛娃和杜里辛（2007）对吸收能力进行重新概念化的折中。

然而，根据托多洛娃和杜里辛（2007）的建议，安德泽·利斯和阿加塔·苏多尔斯卡（2015）增加了知识识别的组成部分，并且认为知识消化和转化是替代过程，而不是必须按顺序互相跟随。在该模型中，从外部来源获得的知识的内部使用直接涉及公司的吸收能力。同时，创新中所体现的公司吸收能力的结果可能会通过与合作伙伴（外向型开放式创新）共享知识或授权而流向市场，模型如图 2 - 14 所示。

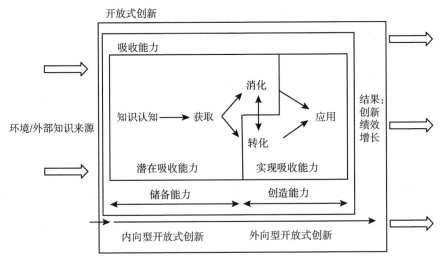

图 2 - 14　安德泽·利斯和阿加塔·苏多尔斯卡的吸收能力模型

10. 韦纳、卡布斯特等的吸收能力模型

在如图 2 - 15 所示的韦纳等（Wehner et al.，2015）的模型中，将个体层面的前因定义为管理者的社会认知和人口统计学特征，并作为投资管理系统背景下吸收能力的关键前因。笔者沿用了扎赫拉和乔治（2002）所提出的吸收能力的维度，但对潜在吸收能力与实现吸收能力的定义作出了一定的创新。第一，知识获取包括识别和获取外部生成的知识，这意味着可以通过对环境的扫描和监测获取新的外部知识。投资部门能够在进入市场之前通过开展国际市场研究从外部渠道识别和获取新知识。如先前的国外市场分析是了解国外市场的供应商、客户、竞争对手和立法的第一步。第二，知识消化是指识别、解释和了解从外部获得的信息与知识。

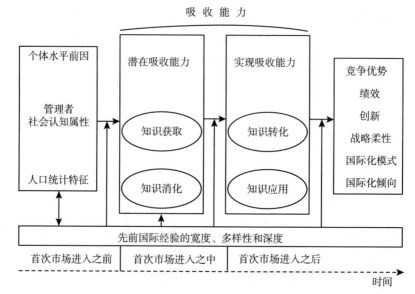

图 2 – 15　韦纳、卡布斯特和施文斯的吸收能力模型

　　潜在的吸收能力结合了获取和消化知识积累的能力。韦纳等（2015）将潜在的吸收能力定义为投资部门在进入外国市场之前，在搜索和监控其在首个外国市场方面所花费的努力程度及他们理解从外部获得的信息的活动。已实现的吸收能力是指投资部门识别新的制度和商业知识，并将其与之前关于国内市场的现有知识相结合的程度。另外，已实现的吸收能力还包括投资部门在第一个国外市场中利用对客户、竞争对手和技术趋势的商业知识的所有活动。实现的吸收能力则反映了知识转化和知识应用的能力。

11. 斯蒂芬妮·杜切克的吸收能力模型

　　斯蒂芬妮·杜切克（Stephanie Duchek，2015）采用了以前概念化的组合（见图 2 – 16）。笔者认为，吸收能力的三个主要维度假设：外部知识获取、公司内部知识整合以及知识应用。第一个维度是指公司识别新的外部知识及其获取价值；第二个维度意味着公司有能力选择、传播和转化公司内部的知识；第三个维度是实施和使用知识的能力。这三个进程按顺序运行，每个进程都依赖于前一个进程。如果它们无法识别环境中的相关知识，选择最有发展前途的想法，这意味着公司不能将外部知识转化为有价值的创新。只有公司拥有三个维度的能力都能实现高水平的吸收能力，才能将外部知识转化为有价值的创新。

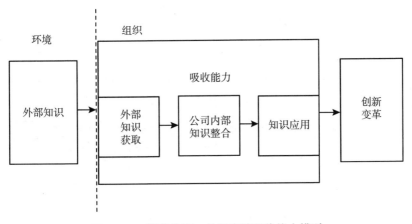

图 2 - 16　斯蒂芬妮·杜切克的吸收能力模型

12. 祖比尔基等的吸收能力模型

祖比尔基等（Zubielqui, 2016）借鉴了格林佩和索夫卡（Grimpe & Sofka, 2009）关于吸收能力的维度，并没有给出吸收能力的定义，但其采用的吸收能力维度与以往大多数学者构建的维度是不同的。笔者认为，吸收能力是一个包括六个指标的潜在变量，这个潜在变量中所使用的指标来自两组不同的问题。第一组与专业技能或能力有关。这个维度反映了参与创新时公司是否雇用工程师和/或科学工作者；第二组与研发强度有关。该维度反映了公司在开展研发活动中如何保护商业知识产权：专利、注册设计、版权或商标和其他正式方法。从图 2 - 17 可以看出，吸收能力的前因变量是来自市场参与者的外部知识流入和来自科学参与者的外部知识。

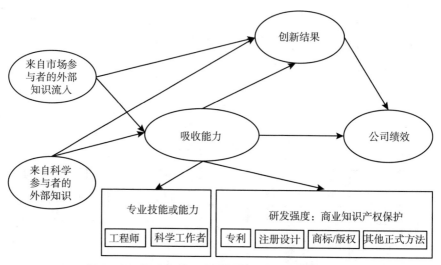

图 2 - 17 祖比尔基、琼斯和莱斯特的吸收能力模型

除了上述主要学者的研究成果外，国内也有不少学者将吸收能力作为一个中介变量或调节变量纳入研究中，然而，尽管这些学者作了相应研究，但由于他们没有对吸收能力的概念或模型作出创新，而是直接借鉴先前学者对吸收能力界定的概念或内涵，本书在此不再对其一一阐述。

以上对国内外主要研究者构建的吸收能力内涵及其理论模型进行了回顾，并从吸收能力的角度作出相应的阐述与比较，这一部分将为下文所阐述的吸收能力的测量维度与影响因素奠定较为坚实的知识基础。

2.2.3 吸收能力的维度及量表

1. 扎赫拉和乔治的吸收能力维度

扎赫拉和乔治（2002）提出了知识获取、知识消化、知识转化和知识应用四个维度，并且这四个维度也被国内外较多的学者直接借鉴使用。

2. 詹森等的吸收能力维度与量表

詹森等（2005）针对扎赫拉和乔治（2002）划分的四个维度研究出量表并发表在管理学权威杂志 AMJ 上（钱锡红等，2010），之后被夏石泉（2012）和袁海（2012）借鉴使用。

3. 利希滕塔勒的吸收能力维度与量表

在利希滕塔勒（Lichtenthaler，2009）量表的基础上，本书提取并总结了 Lichtenthaler 的 22 个量表（见表 2-6）。

表 2-6　　　　　　　　利希滕塔勒提出的吸收能力量表

维度	22 个题项
认知	收集新知识、彻底收集行业信息、认识行业趋势、详细分析同行、掌握对手最新信息
同化	与外部资源互动、与外部合作伙伴组织会议、员工与外部机构接触、与客户互动
保存	记录并存储、保存、公司内部传达
激活	快速利用、重新激活、快速了解
转化	知识转化、定期匹配、快速认知
应用	开发新产品或服务、应用新知识、实施新技术、熟知技术能手

4. 卡密森和弗雷的吸收能力维度与量表

卡密森和弗雷（Camisón & Forés，2010）认为，吸收能力是一种动态能力，是企业通过管理外部知识，创造价值，并获得和维持竞争优势的能力，包括获取、吸纳、转化和利用的能力。

5. 希门尼斯 - 巴里奥纽沃等的吸收能力维度与量表

希门尼斯 - 巴里奥纽沃等（Jiménez - Barrionuevo et al.，2011）对吸收

能力文献进行了科学分析，并考虑了用于测量吸收能力使用的各种技术，提出了一个包含 18 项的用于测量吸收能力的量表（见表 2 - 7）。

表 2 - 7　　　　　　希门尼斯 - 巴克奥纽沃等开发的吸收能力量表

维度	题项
获取能力	（互动）两个组织之间存在密切的个人互动
	（信任）两个组织之间的关系具有相互信任的特点
	（尊重）两个组织之间的关系具有相互尊重的特点
	（友谊）与本组织的关系是个人友谊
	（互惠）两个组织之间的关系具有高度的互惠性
消化能力	（共同语言）两个组织的成员分享自己的共同语言
	（互补性）两个组织的资源和能力之间存在很大的互补性
	（相似性）两个组织的主要能力非常相似/重叠
	（兼容性1）两个组织的组织文化是兼容的
	（兼容性2）两个组织的运营和管理方式是兼容的
转化能力	（沟通）组织中有许多非正式对话涉及商业活动
	（会议）组织部门间会议，讨论组织的发展和趋势
	（文件）各单位定期发布信息文件（报告、公告等）
	（传输）重要数据定期传输到各单位
	（时间）当发生重要事件时，所有单位都会在短时间内收到通知
	（流动）组织具备必要的能力或能力，以确保知识在组织内流动并在不同单位之间共享
应用能力	（责任）在使用从外部获得的信息和知识方面，职能和责任有明确的划分
	（应用）利用从外部获得的信息和知识的能力

在吸收能力的文献中，韦影（2007）使用 7 个题项构建了以过程为导向进行测量吸收能力的量表，也有学者如高世嘉等（Shijia Gao et al.,

2017）对吸收能力作了回顾，然而，笔者所回顾的文献内容在上述文献中已涵盖，并且发现，即便是发表在国内一些权威期刊的文章及论文，学者们基本上都是借鉴上述研究者所开发的维度及量表，在此不再重复阐述。

2.2.4　吸收能力的影响因素

吸收能力的概念自科恩和莱文塔尔（Cohen & Levinthal，1990）提出以来，就得到了国内外学者的关注，其影响因素也成为学者们的研究重点。基于现有的主流文献，本书将吸收能力的影响因素及其代表性学者总结如表2-8所示。

表2-8　　　　　　　　　　　吸收能力的影响因素

影响因素	代表性研究者
公司的先验知识	科恩和莱文塔尔（Cohen & Levinthal，1990）；扎赫拉和乔治（Zahra & George，2002）；托多洛娃和杜里辛（Todorova & Durisin，2007）；林和吴（Lin & Wu，2010）
知识获取	王育晓、杨敏利（2011）；王伏虎（2016）
外部知识源	科恩和莱文塔尔（Cohen & Levinthal，1990）；扎赫拉和乔治（Zahra & George，2002）；托多洛娃和杜里辛（Todorova & Durisin，2007）；福斯福里和特里博（Fosfuri & Tribó，2008）；杜切克（Duchek，2015）；祖比尔基等（Zubielqui et al.，2016）；斯维斯福斯等（Schweisfurth et al.，2018）
外部知识搜索广度与制度市场导向	萨赫达里等（Sakhdari et al.，2014）
知识溢出	埃斯里巴诺等（Escribano et al.，2009）；陶锋（2009）；格里奇和尼尔森（Grillitsch & Nilsson，2015）
管理前因	沃尔伯达等（Volberda et al.，2010）；韦纳等（Wehner et al.，2015）

续表

影响因素	代表性研究者
组织内与组织间前因	沃尔伯达等（Volberda et al.，2010）
社会资本	王国顺和杨昆（2011）
网络特征	蔡（Tsai，2001）；王张乐（2008）；萨尔瓦托等（Salvato et al.，2009）；郑慕强、徐宗玲（2009）；钱锡红等（2010）；窦红宾和王正斌（2010）；柴吉孟（2013）；刘学元等（2016）；叶江峰等（2016）；林春培、张振刚（2017）；孙骞和欧光军（2018）
区域创新举措和价值链信息来源	刘和罗（Lau & Lo，2015）
环境	莱恩等（Lane et al.，2006）；福斯福里和特里博（Fosfuri & Tribó，2008）；杜切克（Duchek，2015）

2.2.5 对吸收能力研究的述评

本书在前文分别从定义内涵、理论模型、维度及影响因素等方面对吸收能力相关研究进行了较为系统的回顾。尽管国内外学者对吸收能力的研究较多且较为成熟，然而，吸收能力相关领域的研究仍然存在不足之处，具体包括以下方面：

（1）现有文献对吸收能力的内涵与维度界定较为多样化，但却忽视了本书吸收能力有一个重要的，但迄今为止不够重视的前因——跨界搜寻，尽管国内也有少数学者将跨界搜索与吸收能力结合在一起研究，但仍需要将跨界搜寻作为吸收能力的前因变量进一步深入探讨。

（2）现有研究主要关注的是不同维度的吸收能力与企业创新绩效的直接影响关系（王立生，2007；吴先华等，2008；钱锡红等，2010；窦红宾和王正斌，2010；陶锋，2011；李光泗和沈坤荣，2011；王国顺和杨昆，2011；周文光，2012、2013、2016；付敬，2013、2014；张文红等，2014；王建等，2015；刘学元等，2016；黄杜鹃等，2016；王伏虎，2016；郭淑芬等，2017；李杰义等，2018；禹献云、周青，2018；李显君等，2018；孙骞、欧光军，2018）。

虽有少数研究者涉及跨界搜索与吸收能力之间（刘曜伟，2017；肖颖，2017；蔡赎赎，2018）、吸收能力与公司创业（Salvato et al., 2009；Sakhdari et al., 2014；García – Sánchez et al., 2018）之间的关系研究，但这些学者研究的内容与本书研究的侧重点不同，吸收能力如何实现公司较多开展创业活动？跨界搜寻如何通过吸收能力的路径影响公司创业的内在机理问题仍有待进一步研究。鉴于此，基于我国企业发展的现状，客观设定吸收能力的维度与目标，将是本书重点解决的问题之一。

根据托多洛娃和杜里辛（2007）的观点，公司不应删除对新知识的"价值识别"这一步骤。他们主张在吸收新知识的过程中，第一步就是要认识到这种知识的价值（Cohen & Levinthal，1990；Cadiz et al., 2009），以及这一步骤对公司的重要性，因为公司经常会受到现有知识库、僵化能力和路径依赖等的限制而无法识别和吸收新知识（Gavetti & Levinthal，2000；Tripsas & Gavetti，2000）。

本书认同并借鉴加的斯等（Cadiz et al., 2009）对吸收能力的定义，将吸收能力界定为一个公司使用过去的经验来增强学习和应用新知识的能力，通过知识评估、知识同化和知识应用的过程将外部新知识转化为可用知识。其中，评估能力是对有价值知识的识别和过滤的能力；同化能力是新知识转化为可用知识的能力；应用能力则是使用新知识的能力。

2.3　高层管理者支持研究

2.3.1　高层管理者支持的内涵

高层管理者支持（top management support，TMS）在信息管理系统中的研究较早，并将研究的领域逐步拓展到公司创业、安全策略遵守、企业社会责任及企业国际化等方面（董坤祥等，2018；Hu et al.，2012；孙德升，2009；李华晶和邢晓东，2007；Carpenter et al.，2004）。尽管相关的研究较为丰富，但学术界对高层管理者支持的概念存在不同的理解。

米切尔（Mitchell，1989）提出管理发展是通过个人在日常管理中表现出的行为和态度而对个人的成长加以关注，伴随着额外的和更广泛的为公司增加价值并加强公司未来安全的目的。真正的管理者表现出两个基本特质：第一，他们要求自己和下属是最好的（而不是最多的）；第二，他们为员工提供必要的帮助并愿意保护他们使其不再恐惧。为了确保目标的实现，管理者倾向于向他人提供帮助或支持。这一概念为后续学者对高层管理者支持的定义奠定了理论基础。

巴杰瓦和莱（Bajwa & Rai，1994）认为，最高管理层支持是指最高管理人员的角色定位会影响 EIS 工作中的管理及参与 EIS 工作所付出的努力，因此需要制定出顶层的管理支持措施促使管理层支持活动的开展。贾文帕和埃弗斯（Jarvenpaa & Ives，1991）提出高管支持包括高层心理投入和高层参与两个要素。梁等（Liang et al.，2007）在贾文帕和埃弗斯（1991）的研究基础上认为，将高层管理者支持细分为高管信念和高管参与（Chatterjee et al.，2002a）。高管信念指的是高管对 ERP 潜力的主观心理认知的状态，而高管参与指的是高管为促进 ERP 而采取的行为和行动。

斯利瓦斯塔瓦（Srivastava，1983）认为，组织战略、决策和行为由高层管理者引导组织的未来愿景。汉布里克和梅森（Hambrick & Mason，1984）认为，组织选择反映了最高管理层的价值观及认知基础，这些均反映了高管的信念。高管管理者的信念指导其管理行为，查特吉等（Chatterjee et al.，2002a）认为，通过他们的信念，高层管理人员可以提供愿景，并向管理者和业务部门提供有关吸收 Web 技术的机会和风险的指导方针。梁等（Liang et al.，2007）将高层管理者支持定义为高管信念和高管参与两个方面（Hu et al.，2012；白海青、毛基业，2014；武德昆等，2014）。布埃诺和沙梅隆（Bueno & Salmeron，2008）将高层管理者支持定义为组织经理积极参与与 IS/IT 实施成功相关的事项。根据这一定义，西拉（Sila，2013）肯定了通过高层管理者支持"管理者对变革的积极态度创造了一种组织环境"。斯滕贝格等（Štemberger et al.，2011）认为，高层管理者支持可以通过 IT/IS 人员的业务和管理知识和技能，以及 IT/IS 部门的业务导向角色来实现。

武德昆等（2014）对高层管理者支持的界定主要强调，信息安全领导小组成员向企业的其他成员所表达的他们对信息安全的态度和意愿，及对信息安全实践的参与。董坤祥等（2018）对高管支持的定义与武德昆等（2014）较为相似，均强调高管的态度和参与行为，所不同的是关注信息安全管理。

2.3.2　高层管理者支持的维度

1. 巴杰瓦和莱的高层管理者支持的维度与量表

巴杰瓦和莱（Bajwa & Rai，1994）使用了六个项目用于衡量最高管理层支持：（1）发起人参与 EIS；（2）最高管理层与发起人的联系；（3）最高管理层为 EIS 提供的资源支持；（4）最高管理层对 EIS 重要性的认知；（5）最高管理层对 EIS 申请的建设性反馈；（6）EIS 被最高管理层视为高优先级。

2. 查特吉等的高层管理者支持的维度与量表

查特吉等（Chatterjee et al., 2002a）借鉴了学者们对高管信念和高管参与的评估（Barki & Hartwick 1989；Jarvenpaa & Ives, 1991）。高层管理者信念是通过要求受访者评估他们对网络实现运营和战略利益的潜力的程度来衡量的。高级管理层必须积极参与网络规划相关活动，从设想潜在的网络使用到制定计划和战略，并将这些愿景变为现实。他们还应该设置标准和目标监控 Web 项目。

3. 梁等的高层管理者支持的维度与量表

梁等（2007）从高管信念和高管参与两个方面构建了如表 2 - 9 所示的量表。

表 2 - 9　　　　　　　　　梁等（2007）的高层管理者支持测量

维度	题项
高管信念	我们公司的高级管理层认为：
	ERP 有可能为公司带来重大的商业利益
	ERP 将为企业创造一个重要的竞争舞台
	没有必要使用 ERP 开展业务活动
高管参与	我们公司的高级管理层积极参与：
	阐明 ERP 组织使用的愿景
	制定了 ERP 组织使用策略
	建立目标和标准监控 ERP 项目

4. 布埃诺和加列戈的高层管理者支持的维度与量表

布埃诺和加列戈（Bueno & Gallego，2017）借鉴了布埃诺和沙梅隆（Bueno & Salmeron，2008）、索利曼和詹兹（Soliman & Janz，2004）及拉古 – 内森等（Ragu – Nathan et al.，2004）的测量开发出高管支持的量表，强调高管了解和参与。

5. 董坤祥等高层管理者支持的维度与量表

董坤祥等（2018）认为，高管支持包括高管信念和高管参与两个维度。在高层管理者支持的量表中，高管信念借鉴了梁等（2007）的量表，高管参与借鉴了武德昆等（2014）的量表。

6. 谢卫红等高层管理者支持的维度与量表

谢卫红等（2018）结合当前大数据环境下高管支持的内容特点，参考梁等（2007）的量表，设计出如表 2 – 10 所示的量表。

表 2 – 10　　　　　　　谢卫红等（2018）的高层管理者支持测量

维度	题项
高管信念	高管相信大数据给公司带来显著收益的可能性很大
	高管相信大数据能够为企业创造更广阔的发展空间
	高管相信公司有必要利用大数据去开展业务活动
高管参与	高管会积极地对公司采用大数据的前景进行阐述
	高管会积极为公司采用大数据制定战略规划
	高管会积极建立目标和标准以监督大数据项目实施
	高管会积极参与数据需求分析
	高管会积极参与大数据项目的实施决策

2.3.3　对高层管理者支持研究的述评

在文献中，高层管理支持被认为是公司实施信息技术的关键成功因素

（Liang et al., 2007；Boonstra, 2013；Young & Poon, 2013；Ram et al., 2013；Nwankpa & Roumani, 2014；Galy & Sauceda, 2014；白海青和毛基业，2014；武德昆等，2014；Pérez – Aróstegui et al., 2015；Bueno & Gallego, 2017；董坤祥等，2018；谢卫红等，2018），因此被较多学者研究。有学者认为，高层管理者的信任和支持，对经营取向与领导绩效之间的关系有调节作用（毛娜等，2009）。

然而，目前少有研究者关注高管支持对吸收能力与公司创业之间关系的影响，为弥补研究的缺口，本书将高层管理者支持作为调节因素，研究其对吸收能力与公司创业之间关系有效性的影响。并且，从现有文献对高层管理者支持的内涵界定与测量维度来看，多是从最高管理层对信息技术支持的角度研究的，结合本书的研究问题，佩伊、基姆和韩（Pae, Kim & Han, 2002）构建的量表更符合本研究的实际。

本书认同并继承了佩伊、基姆和韩（Pae, Kim & Han, 2002）对高层管理者支持的定义，高层管理者支持是鼓励采用和实施创新。公司的高层管理者认为公司的竞争优势取决于其产品和服务与竞争对手区分开来的新技术，并鼓励采用和支持实施创新的新技术。

2.4　公司创业研究

2.4.1　公司创业内涵

"Corporate Entreneurship"，被学者翻译成"公司创业"或"公司企业家精神"或"创业导向"，在本书中，这一词被译为"公司创业"。为了较全面地理解和认识公司创业的内涵，本书较为系统地回顾了以往研究者对公司创业所持有的观点，按照时间顺序阐述如下。公司创业的理念可以追溯到20 世纪 70 年代中期，最初由彼得森和伯格（Peterson & Berger，1971）引入，作为大型组织采用的战略和领导风格，以应对日益增长的市场动荡。直到 20 世纪 80 年代初，伯格曼（Burgelman，1983）和米勒（Miller，1983）的著作出版后，公司创业才成为一个独立的研究主题被关注。

米勒（1983）是首次提出公司创业概念的学者，他认为，人们往往倾向于通过具有主导性的组织人格来识别创业，通常是一个独立的所有者或经理，为他的公司作出战略决策，关键在于这位企业家的创新能力，并且通常是将企业家作为研究的焦点。然而，随着组织的成长和复杂化，需要不断地进行组织更新、创新、建设性的风险承担，以及对新机会的概念化和追求，这种追求往往超出了一位企业家的努力水平。于是米勒（1983）将研究的重点从个体创业转移到公司创业活动上，并将公司创业定义为，企业通过主动性、创新和冒险行为来更新自己和市场的过程。也就是说，米勒将创新、主动性和冒险行为看作是公司创业的主要构成因素。

公司创业活动可以提升盈利能力和改善公司发展，并且根据公司的竞争环境的变化，其影响可能会随着时间的推移而增加（Stevenson & Jarillo，1990；Hannan & Freeman，1989），因而公司创业得到了更多学者的重视。科文和斯莱文（Covin & Slevin，1991）认为公司创业表现为公司的竞争性、主动性、冒险倾向和对频繁与广泛的产品创新的依赖。

公司创业一词是指在企业内部开展的企业活动，这些企业活动需要创新、冒险和战略更新（Zahra，1996），这一概念被国内外较多的学者借鉴使用。创新涉及新产品和新服务的开发。冒险，即风险投资，是指公司通过扩大当前或新市场的经营活动，而在现有公司内产生新的业务。当有新的机会出现时，企业往往会利用现有的资源创立新的企业（Verbeke et al.，2007；

Teng，2007）。战略更新意味着重新定义业务范围或竞争战略的重大变化，在市场上占据新的地位（Sharma & Chrisman，1999；Zahra，1996）。公司创业的这些活动是互补且相互支持的。例如，更新竞争方式可能会增加冒险活动，新产品开发的好处可能会使战略更新活动更有益（Heavey & Simsek，2013；Heavey et al.，2009；Simsek，2007；Simsek et al.，2007）。

综合现有文献，有关公司创业的主要定义，本书总结如表 2 - 11 所示。

表 2 - 11　　　　　　　　　　　主要学者对公司创业的定义

学者	公司创业的定义
米勒（Miller，1983）	是一个整合企业的新产品、技术创新、冒险和主动精神等活动的多维度概念
伯格曼（Burgelman，1983）	企业借助新的资源组合从事多元化活动，以拓展公司竞争领域和发掘机会的过程
汉布里克（Hambrick，1984）	由产品和服务增加的程度决定
詹宁斯和卢普金（Jennings & Lumpkin，1989）	企业从环境中寻找新机会、兼并其他公司、开发新产品和从事风险投资管理的活动
古斯和金斯伯格（Guth & Ginsberg，1990）	公司创业包括两种类型的活动：一种是在现有企业内部创造新业务，如内部创新活动；另一种是通过更新企业的核心理念实现企业转型，如战略更新
史蒂文森等（Stevenson et al.，1990）	企业家通过汇聚一系列独特的资源发现以前所没有的机会，创造价值的过程
科文和斯莱文（Covin & Slevin，1991）	通过公司内部的资源重新组合而扩展公司的核心能力，是创业活动在整个公司的渗透，即一种战略导向，该导向以创新、冒险和前瞻性为特点
卢普金和德斯（Lumpkin & Dess，1996）	企业产生新创的过程、实践和决策的活动
扎赫拉（Zahra，1991；1996）	在现有企业内部创业，从而提升企业获利能力、提高企业竞争地位或从战略的角度更新现有企业的过程

续表

学者	公司创业的定义
夏尔马和克里斯曼（Shar-ma & Chrisman, 1999）	企业在组织范围内开展的差异化创业活动，本质特征主要是自治、创新、冒险、预见性和竞争性进攻
库拉特科（Kuratko, 2007）	创立新企业，初创公司是企业家在创意的基础上所创立的公司，其大部分资产，即知识产权都是无形资产
戴维斯（Davis, 2007）	决策、过程和实践所导致的新进入的活动
姚和刘（Yiu & Lau, 2008）	产品创新、组织创新、国内新创企业和国外新创企业
霍恩斯比等（Hornsby et al., 2009）	集中体现为一种能力，这种能力可以使企业获得创新能力以创造企业活力
洛（Low, 2009）	拥有或经营一家公司以获取经济租金，同时承担公司的风险和不确定性，创新或持续重新分配资源
魏江等（2009）	是在位企业通过风险承担来追求新产品、新市场和新业务机会而实施的创新活动
希特等（Hitt et al., 2011）	表现出一种战略导向的创业
张萌萌等（2016）	企业利用产业集群所产生的社会网络关系，通过识别和利用创业机会，开发新产品与新市场，进行持续更新、战略更新和组织再造的过程
张翔、丁栋虹（2016）	组织的更新，其实质就是企业对组织惰性的不断否定
赵万隆（2017）	企业为激发创新、打造新的竞争优势，而投入资源支持创新和创业活动的总称
傅颖（2018）	企业通过内部的一系列具有前瞻性的创新创业活动，并通过相应的冒险行动寻找新的市场机会
高菲、黄祎（2018）	为适应动态环境的变化和培育竞争优势，已建企业通过获取和重构知识和资源而开展的一系列活动，如创新产品、技术和流程、开拓新业务，以发展新事业和创造新机遇

综合以上学者的观点，结合本书的研究内容，本书将公司创业的概念界定为企业通过对公司内外部资源的有效整合与利用，所开展的创新活动、风

险承担活动及战略更新活动，以最大可能地提升公司的核心竞争优势，在竞争中制胜。

2.4.2 公司创业的研究视角

根据对国内外文献的梳理可以发现，学者们主要从公司创新行为、资源组合和战略的视角研究公司创业。

1. 公司创新行为视角

公司创业是公司内部各部门在开发新产品、创造新市场、采用新技术方面所展现出来的能力（Spann et al.，1988）；是一个企业洞察环境寻找新的机会、兼并另一个公司、开发新的产品和从事风险投资管理的活动（Jennings & Lumpkin，1989）；是企业勇于创新与冒险的心态（Lumpkin & Dess，1996）。

2. 资源组合视角

伯格曼（1983）认为公司创业是企业借助新的资源组合从事多元化活动，从而拓展公司竞争领域和发掘机会的过程。罗伯特·朗斯托尔特（Robert Ronstaolt，1984）认为，创业是创造财富增量的动态过程，是企业家在承担资产、时间和事业投入风险的情况下，通过产品或服务产生价值来创造财富，通过重新配置所获得的资源和技能而形成的新价值。史蒂文森等（Stevenson et al.，1990）认为，公司创业是企业家通过汇聚一系列独特的资源发现新的机会，从而创造价值的过程。洛（Low，2009）将创业定义为拥有或经营一家公司以获取经济租金，同时承担公司的风险和不确定性，创新或持续重新分配资源。

3. 战略视角

米勒（1983）首次提出了公司创业的概念，并认为公司创业是整合一个企业的针对产品和技术创新、风险承担和领先精神等活动的多维度概念。从米勒的角度来看，三个主要要素促成了公司创业的存在或缺失：领导者的个人因素、组织的结构和公司的战略决策。在这些既定要素的基础上，许多研究者在创业领域进行了拓展。古斯和金斯伯格（Guth & Ginsberg，1990）从企业整体战略出发指出公司创业包括以下两种类型的活动：一种是在现有企业内部创造新业务，如内部创新或从事风险活动；另一种是通过更新企业的核心理念实现企业转型，如战略更新。

科文和斯莱文（Covin & Slevin，1991）认为公司创业是一种战略导向，该导向以创新、冒险和前瞻性为特点，通过重新组合公司内部的资源来扩展公司的核心能力。公司创业是在现有企业内部进行创业，从而提升企业获利能力、提高企业竞争地位或从战略的角度更新现有企业的过程，如创新、风险承担和战略更新（Zahra，1991；1996）。卢普金和德斯（Lumpkin & Dess，1996）进一步把创业的研究范围拓展到现有大公司，系统地阐述了公司创业这一概念，并认为公司创业是企业战略导向中的一种模式（Wiklund & Shepherd，2003），是识别和从事创业活动的战略决策实践，是公司层面的战略决策过程（Dess & Lumpkin，2005），核心是解释创业活动发生的原因。奈特（Knight，1997）将公司创业定义为公司在创业活动中的一系列行为和过程，该概念与卢普金和德斯（1996）类似。

夏尔马和克里斯曼（Sharma & Chrisman，1999）认为，公司创业是与某一现有企业相关的个体或者群体创建新的企业，或者在该企业内更新或创新的过程，其本质特征主要是创新、冒险、自治、预见性和竞争主动性，包含组织更新、战略更新、持续再生和开拓新领域的活动（Jeffrey & Morgan，1999），集中体现为一种能力，这种能力可以使企业获得创新能力以激发企业活力（Hornsby et al.，2009），战略过程（张玉利和李乾文，2009；Knight，1997），包括组织创新、产品创新、国内新创企业和国外新创企业

（Yiu & Lau，2008），战略创业（Hitt et al.，2011），实际的企业活动或以市场为导向的结果，即企业在战略制定过程、实施和活动方面的意愿（Heavey & Simsek，2013），鼓励企业创造具有高战略价值的项目和创新理念的组织内部的活动（Mauricio et al.，2017）。

2.4.3　公司创业的维度

公司创业的文献中一个有趣的讨论是什么让一些组织比其他组织更具公司创业的因素，这些因素就是本书所要探讨的公司创业维度。关于公司创业维度的探讨，不仅有利于更深入地理解公司创业的内涵，而且可以建构公司创业的测量量表。学者们根据不同的研究视角，提出了不同的测量维度，至今并没有就如何衡量公司创业达成共识，但纵观现有研究发现，学者们普遍认同的主要维度，即学术界分别从以下方面测量公司创业。

一个组织的公司创业水平通常用五个维度来描述：创新性、竞争主动性、冒险性（郭惠玲，2014；Covin & Slevin，1991；Miller，1983）、新业务风险（Zahra & Covin，1995）和战略更新（Zahra & Covin，1995；Guth & Ginsberg，1990）。扎赫拉（Zahra，1993；1996）通过创新、冒险和战略更新来测量公司创业（Behrens & Patzelt，2015；Wei & Ling，2015；Burgers & Covin，2014；Heavy & Simsek，2013；Thorgren et al.，2012），与扎赫拉设计的维度相类似的还有沙玛和克里斯曼（Sharma & Chrisman，1999）运用创新、风险活动与战略更新，持续再生、组织更新和开拓新业务（Jeffrey & Morgan，1999）。尼森等（2015）和萨赫达里（2016）则借鉴了扎赫拉等（2000）所开发的创新、冒险和更新量表衡量公司创业。

卢普金和德斯（1996）采用创新、冒险、开创性、独立和竞争主动性五维度的公司创业量表。扎赫拉等（2000）、海顿（2005）、姚等（2007）、姚和刘（Yiu & Lau，2008）均采用创新、更新、本土和国际风险投资来衡量公司创业。特纳和彭宁顿Ⅲ（Turner & Pennington Ⅲ，2015）及格拉泽等（2015）使用单维创新测量公司创业。白景坤等（2015）衡量公司创业导向的维度是创新、风险承担和先动性。张萌萌等（2016）采用创新、风险投资和战略重建三个量表衡量公司创业。

关于公司创业测量的主要研究成果如表 2 - 12 所示。

表 2 - 12　　　　　　　　　　公司创业的测量维度

主要学者	维度
米勒（Miller，1983）；科文和斯莱文（Covin & Slevin，1991）；卫维平（2008）；金丽（2018）	创新性、主动性、冒险性
扎赫拉（Zahra，1993）；博伊察等（Bojica et al.，2017）	创新、冒险
古斯和金斯伯格（Guth & Ginsberg，1990）；扎赫拉（Zahra，1993）；张翔、丁栋虹（2016）；张萌萌等（2016）；博伊察等（Bojica et al.，2017）；加西亚 - 桑切斯等（García - Sánchez et al.，2018）	创新、风险承担、战略更新
扎赫拉等（Zahra et al.，2000）；姚等（Yiu et al.，2007）；姚和刘（Yiu & Lau，2008）；纳尔迪等（Naldi et al.，2015）；王等（Wang et al.，2015）；萨赫达里（Sakhdari，2016）	个体（创新、本土、国际风险投资）
扎赫拉（Zahra，1996）；奥蒂奥等（Autio et al.，2000）；布塞尼茨等（Busenitz et al.，2000）；加鲁德等（Garud et al.，2002）；理查德等（Richard et al.，2004）；海顿（Hayton，2005）；爱尔兰和鲁策尔（Ireland & Reutzel，2005）；凯勒曼和埃德斯顿（Kellermanns & Eddleston，2006）；希姆塞克（Simsek，2007）；希姆塞克等（Simsek et al.，2007、2009）；玛特等（Mart et al.，2007）；克罗尔等（Kroll et al.，2007）；凌等（Ling et al.，2008）；希维等（Heavy et al.，2009）；罗梅罗等（Romero et al.，2010）；塔格等（Tuggle et al.，2010）；托格伦等（Thorgren et al.，2012）；希维和希姆塞克（Heavy & Simsek，2013）；伯格斯和科文（Burgers & Covin，2014；2016）；贝伦斯和帕策尔特（Behrens & Patzelt，2015）；魏和凌（Wei & Ling，2015）；尼森等（Nason et al.，2015）；萨赫达里等（Sakhdari et al.，2017）	创新、冒险、战略更新

主要学者	维度
克罗斯和贝卓（Crossan & Berdrow, 2003）；泽林等（Zenlin et al., 2011）；库尔和梅斯科（Kor & Mesko, 2013）	战略更新
罗伯特等（Robert et al., 2002）；詹森等（Jansen et al., 2006）；瓦德瓦和科塔（Wadhwa & Kotha, 2006）；米勒等（Miller et al., 2007）；罗森布什等（Rosenbusch et al., 2011）；穆勒等（Mueller et al., 2013）；特纳和彭宁顿Ⅲ（Turner & Pennington Ⅲ, 2015）；格拉泽等（Glaser et al., 2015）	单维创新
卢普金和德斯（Lumpkin & Dess, 1996）；科尔尼等（Kearney et al., 2013）	独立、创新、冒险、开创性、竞争主动
霍恩斯比等（Hornsby et al., 1993）；玛格丽塔·乔安娜（Margarietha Johanna, 2012）；库拉特科和奥德雷奇（Kuratko & Audretsch, 2013）	高管支持度、工作自由度、薪酬体系、时间可获得性、组织界限

资料来源：Sakhdari K. Corporate Entrepreneurship：A Review and Future Research Agenda［J］. *Technology Innovation Management Review*, 2016, 6 (8)：6 – 18.

2.4.4　公司创业的研究成果

公司创业是个充满吸引力的研究主题，众多的学者研究并将其不断向前推进。本书在萨赫达里（Sakhdari, 2016）文献的基础上将国内外学者在1983～2019 年对公司创业研究的贡献进行了归纳和总结，如图 2 – 18 所示。

2.4.5　对公司创业研究的述评

本书通过对 1983～2019 年国内外学者对公司创业研究的梳理发现（见图 2 – 18），作为管理学领域的一个研究主题，它已被广泛地研究，无论是从公司、高管团队、外部影响因素（如环境）与内部影响因素，还是从创新、资源或战略的视角，采用的方法包括理论研究和定量方法，学者们使用的理论也涉及较多，这些均表明了公司创业是管理研究领域中的重要课题，同时也是政府和企业所关注的方向之一。

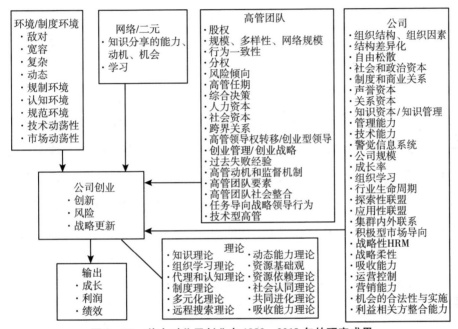

图 2 - 18　前人对公司创业在 1983 ~ 2019 年的研究成果

资料来源：作者整理而得。

从公司创业的内涵来看，虽然学者对公司创业概念表述及研究视角不同，但其所表达的内涵基本一致，多数学者认为，公司创业是一个刻画企业创新创业冒险活动的构念，作为一种重要的战略导向，具有提升企业核心竞争优势的作用。从表 2 - 12 可以看出，公司创业的测量指标虽各有侧重点，但国内学者的量表是在国外研究的基础上进行的拓展，部分研究者的量表之间存在着相似之处，对公司创业测量的主要维度是创新、风险承担（冒险）和战略更新，并且这三个核心维度经历了时间的检验，并被国内外多位学者实证研究证实，这也是本书将这三个维度作为公司创业测量维度的主要考虑因素。

尽管有关公司创业的研究已较为丰富，并且经过梳理发现，国内外主流文献主要从两个层面进行研究，一部分学者从高管团队的角度，研究公司创业分别与股权、社会网络、社会资本、高管团队要素等之间的关系；另一部分学者则是从公司的角度进行研究，如组织因素、组织学习、战略联盟、战略柔性等。学者们比较关注公司创业对企业绩效或企业创新绩效产生的影响，如输出成长、利润和绩效。在公司创业对企业绩效产生影响的过程中，环境/制度环境作为外部影响因素，对公司创业与企业绩效的关系有调节影响。学者们因研究问题与研究内容的不同，使用了不同的理论解释变量之间的关系，如动态能力理论、知识理论、资源基础理论、组织学习理论、共同进化理论等理论。然而，本书发现，将公司创业与吸收能力和高层管理者支持结合在一起的研究尚存在进一步探索的空间，有鉴于此，本书选用动态能力理论，研究跨界搜寻、吸收能力对公司创业产生影响的过程中高层管理者支持在其中的作用机制，具有重要的理论意义和实践价值。

第3章

理论基础与研究假设

围绕研究问题，在第2章文献回顾的基础上，本章将阐述本书所用的理论，推理出研究假设，并据此构建出本书的理论模型。

3.1　理论基础

3.1.1　组织搜寻理论

组织搜寻（organizational search）是当代创新理论的核心（Laursen，2012；Nelson & Winter，1982）。组织搜寻这一概念最早出现在西尔特和马奇（Cyert & March，1963）的著作《企业行为理论》一书中。纳尔逊和温特（1982）首次提出组织搜寻的概念，认为组织搜寻是企业搜集信息以解决问题或在不确定的环境中寻找机会的过程。

经过不断的理论和实践探究，组织搜寻已经成为行为科学、组织科学、演化经济学等众多领域的学者所研究的核心概念，并逐渐成为继外部并购和内部研发之后提升组织竞争优势的第三条有效路径（肖丁丁，2013；熊伟等，2011；Katila & Ahuja，2002）。但是，组织搜寻具有很强的路径依赖性，使得企业往往会在一定的技术边界或空间边界内重复性搜寻与现有知识相似的外部新知识，从而使企业逐步陷入半封闭创新模式下的"能力陷阱"。在这种情况下，跨越一个或多个边界搜寻所需要的异质性知识，则成为企业突破自身资源与能力束缚的重要途径（肖丁丁，2013；马如飞，2009；魏江和冯军政，2009；Katila & Ahuja，2002；Rosenkopf & Nerkar，2001；March，1991）。

然而，当公司寻找创新的"新组合"时，会受到先前知识和资源投入承诺的认知限制，可能导致"短视"（Levinthal & March，1993）及高昂的研发费用。韦斯特等（West et al.，2014）认为解决这种困难的关键方法之一是企业应该利用其范围以外的搜寻组织，将寻求外部知识作为一项重要的管理任务（Laursen & Salter，2006）。搜索外部知识可能是非常复杂和困难的，如知识的隐性、竞争性、复杂性和不可分割性可能不利于知识的发现和传递转移（Zollo & Winter，2002）。尽管存在这种难度，但企业仍可能通过使用一维结构来分析本地搜寻与远程搜寻（Knudsen & Srikanth，2014）。

与本地搜寻不同的是，跨界搜寻通过跨越组织边界和技术边界获取多样性、不同性质的外部知识，从而打破了自身经验和路径依赖的限制，重构了企业在动态竞争下的环境敏感性与适应性（Li et al.，2008；Rosenkopf & Nerkar，2001）。罗森科普夫和内卡（Rosenkopf & Nerkar，2001）将跨界引入战略管理领域，并将跨界搜寻定义为企业跨越组织边界和技术边界进行搜寻，以获取外部异质性知识或知识重构及创造新知识的能力。该定义强调了跨越现有组织、技术等边界进行搜寻，以获得更具新颖性、差异化的知识源，这一定义被许多学者所认同。罗森科普夫和内卡（Rosenkopf & Nerkar，

2001）关注的是企业通过跨界重组知识创造新知识的能力。卡蒂拉（Katila，2002）认为，企业搜寻知识空间，即在公司所在的环境中搜寻和组合知识（Katila，2000；Nelson & Winter，1982）。

3.1.2　吸收能力理论

吸收能力理论（absorptive capacity theory）考察了企业如何识别新知识的价值，消化吸收新知识，并将其应用于组织目标实现这一过程（Cohen & Levinthal，1989；1990）。该理论认为，吸收新知识可使企业变得更具灵活性和创新性，并且会比不吸收新知识的企业有着更高的绩效水平；吸收新知识能力强的企业相比吸收新知识能力弱的企业更具竞争优势。

吸收能力理论认为，为了识别、吸收和应用新知识，公司需要构建一个可以与新知识相匹配的知识库（knowledge base）。促使企业坚持获取或拒绝被动获取新知识的两类影响因素：（1）可吸收和利用的新知识的数量；（2）吸收新知识面临的困难和成本。如果吸收一些类型的知识和专业技术会比吸收另一些成本更高，则企业会因此倾向于吸收更为廉价而非昂贵的知识。然而，企业与竞争对手之间的相互依赖会潜在的中介上述两类影响因素的作用过程，通常竞争对手从吸收和使用新知识中获益越多，企业越不愿意吸收新知识。

扎赫拉和乔治（Zahra & George，2002）对吸收能力理论进行了重构，提出了基于获取和消化的"潜在性"吸收能力，及基于转换和利用的"实现性"吸收能力。他们作出区分的原因是考虑到一些企业可能拥有很强的吸收新知识的潜力，但是却无法将这些知识真正投入使用（Baker et al.，2003）。吸收能力理论认为，能够吸收并应用新知识的公司将比那些不具备这种能力的企业更具有竞争优势，因此，高层管理者的主要职责是帮助企业更好地吸收和应用新知识以实现组织目标。

3.1.3　动态能力理论

动态能力理论（dynamic capabilities theory）考察企业如何通过整合、构建、重新配置内外部资源和能力以生成一种新能力，使其适应快速变化的环境（Teece et al.，1997）。该理论假设，相比低动态能力的企业，高动态能力的企业具备更多优势。该理论认为，当企业能够重新塑造能力，并将其能力与不断变化的环境需求相匹配时，该企业将会超越其竞争对手。该理论的目的是阐释企业在回应和创造环境过程中，如何采用动态能力创造和保持相对于其他企业的竞争优势（Teece，2007）。

能力是指使组织相对于其竞争者表现更优异的高层级的、习得的、模式化的、重复的行为的集合（Winter，2003；Nelson & Winter，1982）。组织能力被称为"零级"能力，因为它是指组织向同批客户销售同一量级的同一产品来谋取生存（Winter，2003）。

动态能力被称为"一级"能力，因为它是指企业有意改变产品、生产流程、标准或服务的市场（Winter，2003）。动态能力被定义为扩展、改变或创造产品、生产流程、标准或企业服务的市场等常规能力的高阶能力（章威，2009；Zahra et al.，2006；Winter，2003），赫尔法特等（Helfat et al.，2007）提出，动态能力是组织有目的地创建、扩展和调整其资源基础的能力。当企业通过构建、整合和重置其内外部资源和能力来适应快速变化的环境时，该企业就具有高动态能力。概括而言，组织能力是对现有资源的有效开发，而动态能力是对新机遇的有效开发和实施（March，1991）。

根据蒂斯（Teece，2007）的观点，企业运用其感知能力来识别机会，一旦这些机会被识别，企业就会投资这些机会提高其组织能力。然后，企业会将其组织能力重新组合或重新配置成更能适应其环境的新能力，这些新能力为企业带来了相对于其他企业而言更为持续的竞争优势。

帕拉依坦与古鲁（Parayitam & Guru，2011）认为资源或能力的稀缺意味着，这些资源或能力被某位企业家使用，但其竞争对手无法使用，简而言之，这将赋予企业的竞争优势。帕卢夫和萨维（Pavlou & Sawy，2011）构建了一个关于动态能力模型的框架，并提出：（1）企业通过感知能力发现、解释和寻求来自内部与外部激励的机会；（2）企业使用学习能力确定必须重新修改、重建或重新配置哪种组织能力以生成新的知识；（3）运用整合能力综合了解并对其运营能力进行必要的改变；（4）运用协调能力实现和使用重新配置的运营能力；（5）持续详细调查外部和内部激励因素（Pavlou & Sawy，2006；Ettlie & Pavlou，2006）。

根据动态能力理论，企业在吸收内外部新知识资源及掌握组织资源的基础上分析外部环境、定义新机遇、制定响应新机遇的战略、寻找完成新机遇的合作伙伴、合作竞争、创造新的竞争优势。因此，动态能力理论为公司创业活动的开展提供了能力保障，其各阶段能力与吸收能力的增长、公司创业活动的实现形成有序关联。

3.2　研究假设

3.2.1　跨界搜寻与公司创业之间的关系

公司创业的一个关键特征是企业知识的强度或知识导向（Zahra et al.，2009；Teng，2007；Agarwal et al.，2007）。实际上，公司创业可以在企业的内部边界开发新知识，并在研发活动中持续的投资（Zahra & Nielsen，2002），它体现了新产品、流程和系统的新形式（Teng，2007）。企业能否开展公司创业活动，主要取决于创业者对外接触新知识的程度（Qian & Acs，2013；Audretsch & Keilbach，2007；Zahra & George，2002），然而，企业所面临的现实困境是，企业现有的知识资源不足以成为公司创业的支撑。

为了突破这种困境，破解企业现有知识资源的不足，劳森和萨尔特（Laursen & Salter，2006）提出跨界搜寻是识别、获取与整合外部知识的逻辑起点。跨界搜寻可以为创业者及企业提供丰富多样的外部异质性新知识，竞争对手很难复制企业整合不同类型内外部知识的能力，而这种知识整合与重组能力是企业核心竞争力重构的关键环节（Kogut & Zander，1993）。肖丁丁（2013）研究认为，企业要想实现成功的创新，仅依靠科学和技术知识是不够的。一个成功的创新还需要从供应商、顾客甚至是竞争对手那里搜寻产品市场知识，作为对科学技术知识的补充（Chesbrough & Rosenbloom，2002）。技术搜寻和产品市场知识搜寻（Danneels，2002；Nerkar & Roberts，2004），应当作为外部信息获取的补充。

根据组织搜寻理论，组织搜寻具有很强的路径依赖性，使得企业常常在一定的空间或技术边界内重复性寻找与现有知识相类似的新知识，从而逐步陷入半封闭创新模式下的"能力陷阱"。但是，跨界搜寻突破了路径依赖和自身经验的局限，尝试跨越组织和技术、市场和产品等多种边界获取异质性较大的外部知识，并在动态竞争下重新构建环境敏感性和适应性，成为企业克服自身能力约束和资源不足的重要途径。

本书认为，公司创业中的研发创新、风险承担和战略更新活动，需要知识资源作保障突破自身的困境，没有足够的外部的市场知识和技术知识，企业难以进行产品创新，难以进入新的业务领域和新的市场，难以采用灵活的组织结构进行战略更新。因此，无论是基于跨越组织边界的科学技术和市场知识的跨界搜寻，还是基于跨越技术边界的共性技术和产品技术知识的跨界搜寻，企业所获取的外部知识均为公司创业精神的提升创造了异质性的知识资源，有助于公司创业活动的开展。换句话说，跨界搜寻为企业带来了异质性的市场知识和技术知识，扩大了公司内部的知识库，为公司创业活动提供了基础，促进了公司创业的开展。鉴于以上分析，对跨界搜寻和公司创业之间关系提出如下假设：

H_1：跨界搜寻与公司创业之间存在显著的正相关关系。

跨界搜寻包含科技驱动型跨界搜寻、市场驱动型跨界搜寻、共性技术导向跨界搜寻和产品技术导向跨界搜寻四个维度，跨界搜寻的各个维度对公司创业能力的提高会产生并不完全一致的影响关系，因此，根据研究的需要，本书将分别研究它们对公司创业可能产生的不同影响。

1. 科技驱动型跨界搜寻与公司创业之间的关系

切斯布洛（Chesbrough，2003）研究认为，通过跨界搜寻，企业可以在外部知识密集型知识源，如从大学、研究机构、咨询中介机构中等获取与企业的技术和产品相关的知识。面对我国企业加工制造能力强、研发能力弱的困境，我国政府倡导科技体制改革，产学研合作成为获取尖端技术和关键工艺技术的重要途径，对异质性机构的跨界搜寻行为直接导致了企业创新能力的结构变革，可以有效弥补知识资源短缺和能力薄弱的不足（肖丁丁、朱桂龙，2017；Lin et al.，2007）。企业通过与公共研究机构的合作，有利于做好技术服务，促进中小微企业开展研发活动，增加新的研发合作项目和长期协同合作的复杂项目数量（蔡赎赎，2017），促进企业的创新。

根据组织搜寻理论，组织搜寻是企业搜集信息以解决问题或在不确定的环境中寻找机会的过程，是提升组织竞争优势的有效路径，当公司寻求创业活动时，如实施创新战略时，会受到先前知识和资源投入承诺的认知限制，可能导致短视及高昂的费用。解决这种困境的关键方法之一是企业应该利用其边界以外的科技型跨界搜寻，将从高校、研究机构等寻求外部知识作为一项重要的管理任务，为公司创业活动的可持续性开展提供丰富的知识资源。

本书认为，企业通过与高校联合培养人才、研发机构等进行研发合作，有助于企业利用异质知识资源的互补优势，最大限度地获取公司创业所需的外部新知识，换句话说，科技驱动型跨界搜寻为公司创业活动的开展奠定了知识基础。因此，企业从事的科技驱动型跨界搜寻越多，意味着企业的创业能力即战略更新能力、创新能力和风险承担能力越强，越有利于公司创业活动的实现。基于以上分析，本书对企业的科技驱动型跨界搜寻和公司创业之间关系提出以下假设：

H_{1-1}：科技驱动型跨界搜寻越多，公司创业活动越多。

2. 市场驱动型跨界搜寻与公司创业之间的关系

市场知识跨界搜寻是企业跨越组织边界和认知基础，搜寻新的商业模式、新的产品设计、新的细分市场及新的分销渠道等有关的市场知识，通过对供应商、客户和竞争对手的广泛搜寻，了解客户偏好，并对客户需求变化做出快速响应（蔡猴猴，2017；Lopez – Vega et al. , 2016；张文红、陈斯蕾和赵亚普，2013；Sidhu et al. , 2007；Cooper & Inoue，1996）。除了关注现有客户和竞争对手之外，企业还可以通过跨越不同的地区、不同的行业甚至不同的国家，获取替代产品供应者、潜在客户及潜在竞争者更多的信息（张文红、陈斯蕾和赵亚普，2013；Sidhu et al. , 2007），促使企业更好地探索和发现顾客对企业产品和服务的真实需求，甚至隐蔽的潜在客户需求，有针对性地设计开发与提供满足顾客需求的产品和服务。企业的技术供应链中除了学研机构，还包括供应商、制造商、核心客户等关键节点，这些节点是企业搜寻需求动向与技术趋势等信息的重要渠道（肖丁丁和朱桂龙，2017）。

根据组织搜寻理论，企业开展跨界搜寻活动需要供应商、核心客户及竞争对手的参与，前沿行业的供应商和竞争对手均具有跟踪市场和技术动态及响应顾客需求的优势，企业及时搜寻并整合供应商、客户、竞争对手等方面的相关知识，有利于企业产生出公司创业活动，如开发出创新性较强的新颖产品，也有利于减少产品研发支出及快速响应客户需求。

本书认为，公司创业活动的产生与实施需要增加企业的资源投入，更需要企业及时搜寻供应商、客户及竞争对手的市场知识与信息，通过跨越边界的市场型搜寻行为获得的有关产品、客户需求和市场方面的新知识，可以结合企业现有的知识，促进公司创业活动的实施而获益。企业从事的市场驱动型跨界搜寻活动越多，越能够获取更多的异质性知识与信息资源，企业的战略更新能力、创新能力和风险承担能力就会越强，越可能研发出更多的满足客户需求并受客户欢迎的新产品，越可能有助于企业顺利进入新的市场或新的业务领域，促进公司创业活动的更多开展。

基于上述分析，本书对企业的市场驱动型跨界搜寻和公司创业之间关系提出以下假设：

H_{1-2}：市场驱动型跨界搜寻越多，公司创业活动越多。

3. 共性技术导向跨界搜寻与公司创业之间的关系

塔西（1991）提出，企业通过与不同研发主体进行合作能够获得技术供应链上的异构知识，从大学和公共实验室获得基础技术和基础性共性技术，而从私人实验室和合作企业获得产品技术和应用性共性技术（肖丁丁、朱桂龙，2017）。劳森和萨尔特（2006）以整个英国制造业的 2707 家制造企业为样本发现，在产品生命周期的初期，当技术水平不断变化时，企业需要从大学或供应商等少数关键创新来源中寻求技术知识，在初期，只有少数参与者可能了解产品演进背后的关键共性技术。随着技术和市场的成熟以及支持创新网络的扩展，创新系统内部越来越多的参与者保留了其专业知识。为了获取这些网络中的各种知识源，企业需要在广泛的搜寻渠道中进行搜寻，以寻求现有技术的新组合，对现有产品进行重大改进。创新过程的核心部分是企业如何组织搜索具有商业潜力的新想法的方式。

陆立军和赵永刚（2010）认为，产业共性技术为企业技术进步与升级提供基础技术平台，通过外溢扩散效应、内部支撑效应和网络互补效应，催生新的技术和新的产业，促进关键与核心技术、新工艺和新产品技术及其他技术的开发。郑月龙等（2019）认为，企业可以通过购买、学习或模仿获得某项共性技术，需要从外部主体中搜寻共性技术知识。

根据组织搜寻理论，企业在现有知识的基础上吸纳外部共性技术知识，意味着公司必须获得这些外部知识。而搜寻这些外部技术知识可能是非常复杂和困难的，如技术知识的隐性、复杂性和不可分割性可能不利于知识的发现，这就需要企业跨越技术边界进行共性技术知识的搜寻，以获取外部异质性知识或知识重构及创造新知识的能力。

本书认为，企业进行战略更新、开展创新和从事风险投资活动等公司创业活动，不可避免地遇到共性技术开发的难题。针对共性技术难题，企业应积极开展共性技术导向的跨界搜寻，如通过公共平台了解共性技术发展趋势、参与政府发起的共性技术攻关项目、参与联盟内成员面临的共性技术难题、参加和加强企业发起的共性技术研发，进行产学研合作等获取外部共性技术知识，以解决公司创业活动中的技术困境。也就是说，企业参与的共性技术导向跨界搜寻活动越多，越对开展公司创业活动有益。

在上述分析的基础上，本书对企业的共性技术导向跨界搜寻和公司创业之间的关系提出以下假设：

H_{1-3}：共性技术导向跨界搜寻越多，公司创业活动越多。

4. 产品技术导向跨界搜寻与公司创业之间的关系

塔西（1991）认为，产品技术是企业在共性技术的基础上进一步创新和衍生的一种特定的技术形式，是企业跨越组织边界和认知基础，搜索与生产工艺、方法及技术等有关的新知识（肖丁丁和朱桂龙，2017；张文红、陈斯蕾和赵亚普，2013；陈钰芬和陈劲，2009；Sidhu et al.，2007；Chesbrough，2003），激励企业突破原有的技术轨道，开发全新的产品，优化生产流程并改进产品工艺（肖丁丁和朱桂龙，2017；Rosenkopf & Nerkar，2001）。企业除了密切关注现有专长的相关技术之外，还可以从不同产品领域、不同行业，乃至不同国家和地区的更广阔的环境中获得创新所需的产品技术知识（张文红、陈斯蕾和赵亚普，2013；陈钰芬和陈劲，2009；Phene et al.，2006）。

根据组织搜寻理论，企业通过跨越技术边界搜寻获取多样性、不同性质的外部产品技术知识，将资源投入获得新技能、新流程和新知识的活动中，提升企业跨界重组知识与创造新知识的能力，打破自身经验和路径依赖的限制，实施公司创业战略，重构企业在动态竞争下的环境敏感性与适应性。

本书认为，企业的产品技术导向跨界搜寻活动越多，越有利于获取解决企业技术能力与产品能力薄弱的相关的外部新工艺、流程等知识，促使企业突破原有的路径限制，增加企业发现公司创业活动的机会，更加有利于公司创业活动的开展，从根本上促进更多的公司创业活动。因此，本书对企业的产品技术导向跨界搜寻和公司创业之间关系提出以下假设：

H_{1-4}：产品技术导向跨界搜寻越多，公司创业活动越多。

3.2.2　跨界搜寻与吸收能力之间的关系

肖颖（2017）研究发现，现有文献中，多数研究集中在吸收能力提升跨界搜寻效率的作用上（韵江等，2014；熊伟等，2011；张文红等，2011；Cohen & Levinthal，1990），鲜有研究探讨跨界搜寻在促进吸收能力方面的作用。扎赫拉等（2009）认为，公司不断寻找和利用新的商业机会还需要注入资源和新知识，并使用多种外部资源。从外部获取和利用知识的公司倾向于改善其资源来源，这种知识及管理者识别机遇和调动资源将新发明推向市场的能力，会影响公司的成果（Qian & Acs，2013；Bojica & Fuentes，2012）。跨界搜寻所注入的外部知识，使公司能够填补其知识空白，进一步通过吸收能力创造新的知识（瞿孙平等，2016；Sakhdari et al.，2014），然而，吸收能力增强的前提主要取决于企业在多大程度上获取外部新知识（Qian & Acs，2013；Audretsch & Keilbach，2007），这时跨界搜寻则在获取外部新知识中担当了一个重要的角色。

根据吸收能力理论，如果企业没有构建知识库，不管它们通过何种方式或者耗费多少代价获得新知识，仍然可能无法消化和吸收，意味着把未来可能会给企业带来创造性知识和技术发展机会"拒之门外"。根据组织搜寻理论，跨界搜寻使企业突破了路径依赖和自身经验的局限，尝试跨越组织和技术、市场和产品等多种边界获取异质性较大的外部知识，为企业提升吸收能力提供丰富的外部知识资源。知识的跨界搜寻与企业吸收能力之间具有密切的关系。

本书认为，企业的吸收能力依赖于企业所拥有的知识库，跨界搜寻为企业提供了有价值的异质性或互补性或全新的知识资源，丰富了企业的现有知识库，为后续的知识吸收、整合与应用提供了知识基础。也就是说，企业的跨界搜寻活动越多，越有利于提升企业的吸收能力。由此，本书对企业跨界搜寻和吸收能力之间关系提出以下假设：

H_2：跨界搜寻与吸收能力之间存在显著的正相关关系。

跨界搜寻包含科技驱动型、市场驱动型、共性技术导向和产品技术导向跨界搜寻四个维度，这四个维度对吸收能力会产生不同的影响，并和吸收能力之间可能存在如下的关系。

1. 科技驱动型跨界搜寻与吸收能力之间的关系

肖颖（2017）认为，科学知识的跨界搜寻是指企业对自然、社会和科学现象相关的一般理论的知识搜寻（Li et al.，2008）。穆洛维克和普罗丹（Murovec & Prodan，2009）提出科技驱动型是指公司通过书籍、期刊、会议、贸易展览和其他学术资源等科研渠道获取新知识，并验证了科技驱动型所获取的新知识对吸收能力的重要性。企业从高校、科研机构、咨询机构等外部渠道获取的知识，会显著地提高其吸收能力（Cassiman & Vugelers，2006）。

根据吸收能力理论，为了识别、吸收和应用新知识，企业需要构建一个可以与新知识相匹配的知识库，构建知识库能为企业提炼先验知识。先验知识的主要益处在两个方面：第一，帮助消化吸收新知识，因为前一阶段塑造的知识吸收能力有助于后一阶段对新知识的吸收；第二，帮助持续吸收新知识，成功使用新知识有利于自我强化，进而激励企业在未来持续不断地吸收新知识。组织搜寻理论认为，企业对外部知识进行消化应用的前提是首先获得这些外部科技知识。企业应该利用跨越其边界以外的科技型搜寻，将从高校、研究机构等寻求外部知识作为一项重要的管理任务，从而为吸收能力的提升提供丰富的知识资源。

本书认为，企业通过科技驱动型跨界搜寻活动，如与高校开展联合人才培训活动，向政府科技部门咨询产业发展政策与趋势，向研究机构咨询技术趋势，公司研发部门时刻关注技术标准、专利等信息更新状况等跨界搜寻行为均能促使企业获取有价值的外部新知识，构建企业丰富的知识库。科技驱动型跨界搜寻活动越多，企业的知识库越丰富，企业的知识评估能力、同化能力和应用能力就会越强，越能提高企业的吸收能力。鉴于此，本书对企业的科技驱动型跨界搜寻和吸收能力之间关系提出以下假设：

H_{2-1}：科技驱动型跨界搜寻越多，吸收能力越强。

2. 市场驱动型跨界搜寻与吸收能力之间的关系

市场驱动型跨界搜寻是企业跨越组织的边界对产品设计与推广、顾客需求、材料改进等市场知识进行的搜寻行为，其搜寻的对象主要包括供应商、竞争对手、消费者、咨询机构、展销会、专业会议、行业协会等市场信息交流主体（肖丁丁，2013；马如飞，2009；Murovec & Prodan，2009；Sidhu et al.，2007；Laursen & Salter，2006），如果企业希望经营尽可能有效和富有创新性，就需要从这些渠道吸收新知识。企业通过与高校、研究机构、供应商、潜在竞争对手等外部主体的合作，快速搜寻到新的市场知识，通过对新知识的识别、消化吸收和应用，转化为顾客提供的新产品/新服务（蔡赕赕，2017；肖丁丁，2013；Gulati et al.，2012）。市场驱动型跨界搜寻活动可以从两方面提升企业的吸收能力：一方面，可以促使企业密切关注并搜寻现有市场及新兴市场的信息，为企业提供全新的有价值的知识；另一方面，关注客户的现有实际需求，并挖掘和预测客户的潜在需求，促进吸收能力的提高（肖颖，2017；Sidhu et al.，2004）。

根据吸收能力理论，吸收能力的运用与提升需要企业构建一个能和新知识相匹配的知识库。根据组织搜寻理论，企业开展跨界搜寻活动需要供应商、核心客户及竞争对手的参与，前沿行业的供应商和竞争对手均具有跟踪市场和技术动态及响应顾客需求的优势，企业及时搜寻并整合供应商、客户、竞争对手等方面的相关知识，有利于促进企业提高其吸收能力，进而开发出创新性较强的新颖产品，快速响应客户需求。

本书认为，通过多渠道的跨界搜寻有关产品/服务、销售市场、新商业模式等市场知识，企业可以获得多样化的市场信息，有利于企业评估和挖掘这些信息数据，深入了解客户的现实需求和潜在需求，进而会促进企业对这些外部市场知识与内部已有的知识，进行整合内化为有价值的知识的能力、消化吸收的能力及知识应用的能力，促使企业吸收能力的提高。鉴于此，本书对市场驱动型跨界搜寻和吸收能力之间关系提出如下假设：

H_{2-2}：市场驱动型跨界搜寻越多，吸收能力越强。

3. 共性技术导向跨界搜寻与吸收能力之间的关系

肖丁丁（2013）、肖丁丁和朱桂龙（2017）研究发现，尽管共性技术导向的跨越搜寻行为弥补了企业资源不足，但因需求方和供应方的搜寻策略和目标定位不同，导致了企业技术转化率低与企业和学研机构的合作减少等突出问题。然而，孙亮等（2015）却认为，产学研协同创新被认为是一种有效的产业共性技术研发方式。企业是技术创新的主体，大学和研究院所具有强大的研发能力和突出的优势，它们之间是相互支持、共同发展的关系。企业对外部技术的吸收能力具体表现为知识基础（Zahra & George，2002）、研发合作能力（Fabrizio，2009）和研发投入（Huang et al.，2015）等。其中，企业与学研机构的研发合作提高了企业识别、连接和整合外部技术知识的能力（王宛秋、张潇天，2019；Fabrizio，2009），加快了企业对新技术知识的同化与利用；研发投入则是企业消化吸收与转化新获取的技术知识的动态过程。

根据吸收能力理论，吸收能力是企业对所获取的外部知识进行识别评估、消化吸收整合并应用的能力。企业要消化和吸收外部知识，需要获取外部知识。根据组织搜寻理论，尽管因共性技术知识的隐性、复杂性和不可分割性的特征，使企业通过组织搜寻外部技术知识存在着较大的难度，然而，企业可以跨越技术边界开展共性技术导向的跨界搜寻活动，获取外部异质性知识。

本书认为，企业构建知识库，需要有针对性地获取外部共性技术知识。共性技术导向跨界搜寻促使企业通过与不同的研发机构进行合作，如与高校和公共科研机构合作，积极参与政府发起的共性技术攻关项目，获取基础性共性技术知识；积极参加产业内企业所发起的共性技术研发计划，获取所需的应用性共性技术知识。企业获取的外部共性技术知识越多，越有利于企业对这些知识的消化吸收和利用，越能增强企业的吸收能力。

鉴于上述分析，本书对共性技术导向跨界搜寻和吸收能力之间关系提出以下假设：

H_{2-3}：共性技术导向跨界搜寻越多，吸收能力越强。

4. 产品技术导向跨界搜寻与吸收能力之间的关系

产品技术导向跨界搜寻主要关注于获取较为成熟的专有技术，以达到优化现有生产流程和改进当前产品工艺的企业目标（黄曼，2016；肖丁丁，2013）。现实中，公司积极为实现合作创新目标进行工艺流程改进（Nerkar，2003）。企业不仅要专注于搜寻外部知识，而且应重视识别、消化吸收和应用外部知识（刘曜伟，2017；Giuliani & Bell，2005；Beaudry & Breschi，2003）。纳尔逊和温特（2005）认为，跨界搜寻使企业能够在复杂动态环境中识别新机会和新知识，而在企业感知到外部机会和获取知识之后吸收能力会将其引入业务运营过程中扮演着重要角色。

吸收能力理论认为，企业搜寻的态度与吸收能力的高低有着紧密的关系，具有高吸收能力的企业倾向于主动搜寻和吸收新知识，但是，低吸收能力的企业只会在绩效水平下降或面临失败时才被动探索新知识。根据组织搜寻理论，企业跨越技术边界和认知基础，甚至跨越不同产品领域、跨行业、跨地区，搜寻与生产工艺和方法及技术等有关的产品技术知识，为企业的吸收能力的应用提供知识基础，促使企业应用并从中受益，以增强企业核心竞争力。

本书认为，要在当前动态竞争的环境中制胜，企业应积极主动开展搜寻活动，而不是被动地搜寻。产品技术导向跨界搜寻活动越多，所获取的与产品有关的外部产品技术知识就会越多，通过培育企业识别有价值知识的能力，越会激励企业将外部知识与内部的现有知识进行有效的融合，并将整合过后的知识应用于产品开发和生产工艺流程之中，从而进一步增强企业的吸收能力。由此本书提出如下假设：

H_{2-4}：产品技术导向跨界搜寻越多，吸收能力越强。

3.2.3　吸收能力与公司创业之间的关系

斯维斯福和拉希（Schweisfurth & Raasch，2018）通过对吸收能力异质性的学术思考，实证研究发现，吸收能力是解释外部知识如何被识别、吸收和应用于产品服务创新的机制，是产生公司创业的重要影响因素（Qian & Acs，2013；Zahra et al.，2009；Teng，2007）。扎赫拉和乔治（2002）研究证实，具有高吸收能力的公司能够快速理解外部知识，将其与现有知识结合起来一起用于商业目的。吸收能力开发和整合外部知识，增加了更好地理解企业创业机遇的机会，从而提高了对创业活动作出反应的能力（Zahra et al.，1999），这些活动包括知识的获取、吸收、同化和利用的过程，以及调动外部资源、吸引客户和识别创业机会的能力（Fuentes，2010）。同时，吸收能力能够指明当前资源的新用途，以填补公司行为所造成的资源缺口，并且吸收能力通过填补知识缺口刺激公司创业的可能性（Zahra et al.，2009；Teng，2007）。吸收能力不仅改善了公司现有的知识基础，而且促进了影响企业成功的新知识创造活动（Bojica et al.，2012）。加西亚－桑切斯等（García－Sánchez et al.，2018）认为，吸收新知识和发展新技术技能可以产生新的、先进的工艺流程，这些过程促进了公司创业的产生（Sakhdari et al.，2014），以发现市场上的机遇，使企业参与和各方的合作，以及产品和系统的创新等活动，并将它们转化为比竞争对手更大的优势。

根据吸收能力理论，企业需要识别新知识的价值，消化吸收新知识，并将其应用于公司创业活动，吸收新知识可使企业变得更具灵活性和创新性，并且会比不吸收新知识的企业有着更高的公司创业水平；吸收新知识能力强的企业相比吸收新知识能力弱的企业更具有竞争优势。动态能力理论认为，企业在吸收内外部新知识资源及掌握组织资源的基础上分析外部环境，定义新机遇，制定响应新机遇的战略，寻找完成新机遇的合作伙伴，合作竞争，创造新的竞争优势。

本书认为，知识作为企业的一种关键资源，为公司创业活动提供了资源支持。而吸收能力促使企业将所获取的外部知识与现有的内部知识相结合，内化成有价值的知识，经过消化吸收转化而创造出新知识，对新知识进行应用，促进创新、风险投资、战略更新等不同的公司创业活动的选择与开展。另外，吸收能力在公司创业的整个活动过程中，能够起到促进企业持续地获取、消化转化和利用外部新知识的积极作用。吸收能力作为企业的一种能力，对外部知识资源有消化作用，通过促进企业对知识资源的充分利用，内化成企业自身的营养，产出理想的公司创业结果。具备高吸收能力的企业将会产生更多的公司创业活动，吸收能力有助于提升公司创业的能力。鉴于此，本书对吸收能力与公司创业之间的关系提出如下研究假设：

H_3：吸收能力与公司创业之间存在显著的正相关关系。

吸收能力包含知识评估能力、知识同化能力与知识应用能力三个维度，在运用知识开展公司创业活动的过程中，吸收能力的各维度与公司创业各维度之间可能存在下面的关系。

1. 知识评估能力与公司创业之间的关系

索普等（Thorpe et al.，2005）研究认为，卓越的吸收能力提高了公司主动识别机会的能力。吸收能力之所以成为影响公司创业的一个关键因素，是因为它促使公司通过构建新的能力，降低高层管理者的认知刚性、创造价值和保持竞争优势，识别和探索新的机会。通过公司的吸收能力而传递的外部知识，可以增加组织中已有的知识，并引导管理者探索激励公司成长的不同创业战略（Zahra et al.，2009；Cohen & Levinthal，1990）。

吸收能力理论强调了企业与外部知识吸收之间的联系，企业需要持续地从外部获取新知识，识别、消化和应用新的外部知识。动态能力理论认为，企业需要考虑如何通过整合、构建、重新配置内外部知识资源和能力以生成一种新的企业能力，适应经营环境的变化。

本书认为，企业是否具备吸收能力，决定了企业识别、消化和利用外部异质性知识的能力，在一定程度上决定了公司创业活动的多寡。企业发展的吸收能力，尤其是发展吸收能力构成中的知识评估能力较为重要。因为企业识别和评估外部新知识的能力越强，越能有效地整合和重组企业的内外部知识资源，产生更多的公司创业活动，在动态的经营环境中制胜。在此基础上，本书提出以下假设：

H_{3-1}：知识评估能力越强，公司创业活动越多。

2. 知识同化能力与公司创业之间的关系

学者们认为公司创业活动面临的主要挑战之一是创造新知识（Zahra et al.，2009；Teng，2007；Agarwal et al.，2007）。腾（Teng，2007）认为，公司创业是知识密集型的，它依赖于战略、流程、产品和服务、系统和市场的不同形式的创新。企业需要消化吸收外部必要的知识开发创新的解决方案，这是未来竞争优势的基础（Danneels，2002）。公司除了吸收客户需求方面的知识，吸收外部技术知识的能力会促进公司内部的创新（Ter Wal et al.，2017；Reid & de Brentani，2004）。吸收能力促进企业的探索活动，有助于提高企业创新能力和推动公司价值的创造（Sakhdari et al.，2014；Heavey & Simsek，2013；Qian & Acs，2013；Zahra et al.，2009；Teng，2007）。

根据吸收能力理论，知识的获取和消化能力越强，达到创新过程所需要的被消化的外部知识数量就会越大，而知识转化和应用能力的水平越高，就会有越多的消化的外部知识被应用。

本书认为，作为吸收能力构成的一个中间环节，知识同化能力具有很重要的作用。知识同化能力促进企业对外部需求知识的深度挖掘，有助于增进企业对外部新知识的理解，增加可以被消化的外部知识的数量，通过将其和内部原有知识进行结合，使企业能够在更及时和成本更低的环境下，实现战略更新、创新和风险承担等公司创业活动的顺利开展。由此，本书提出如下假设：

H_{3-2}：知识同化能力越强，公司创业活动越多。

3. 知识应用能力与公司创业之间的关系

恩迪格等（2014）认为，吸收能力是帮助公司通过将知识转化成新流程、新工艺和新产品或新服务，促进公司创业中创新活动的产生，以获得竞争优势的基本要素。公司创业行为能够使企业利用外部知识进而开发新市场变得更加容易，因为具有公司创业愿景的企业会更愿意搜寻和分析运营环境，获取所需的知识，寻找外部新机会，以增强企业竞争力（Covin & Miles，1999）。公司利用现有的知识和能力来吸收新的技术技能或产生新的、先进的技术知识，将使企业家处于更有利的地位，有助于发现新机会，从而获得额外的竞争优势（Martin Rojas et al.，2011；Real et al.，2006）。新知识改变了既定的惯例，允许企业产生新的能力和创业机会（Bojica & Fuentes，2012）。在构建这些能力和抓住机会的过程中，企业必须调动大量资源，开发新的系统来整合这些资源，并以差异化的方式配置资产，寻求新的竞争优势来源并探索创新的公司创业活动。

根据吸收能力理论，吸收能力是企业认识到新外部知识的价值、消化，并应用到经营活动中的一种关键能力。吸收能力不仅与公司的获取与消化知识有关，还涉及公司应用外部知识的能力，应用外部知识是公司创新能力的一个关键组成部分。

本书认为，作为吸收能力的最后也是核心的构成部分，知识应用能力行使了产生公司创业活动的功能。知识应用能力越强，越能激励企业学习如何创造和使用新知识，较大程度地提高企业利用现有知识资源的能力，支持公司创业活动的更多开展，如利用外部知识资源协调各单位之间的活动，增加更多的创新产品或服务的活动，采用灵活的组织结构来增加创新，实施有助于企业发展的战略更新、创新和风险承担活动，为企业获取持续的竞争优势，赢取竞争提供了重要条件。由此，本书提出假设：

H_{3-3}：知识应用能力越强，公司创业活动越多。

3.2.4 吸收能力在跨界搜寻与公司创业之间的作用

吸收能力不仅与企业的获取与消化知识有关，还涉及企业应用外部知识的能力（Cohen & Levinthal，1990）。王宛秋和张潇天（2019）认为，跨界技术并购获取的跨领域的技术知识在丰富企业原有知识体系的同时，也增加了并购后资源整合与应用的难度，企业通过跨界技术并购获取原有技术领域外的异质性知识后，因自身技术体系与外部技术知识的契合程度较低，存在吸收效率低的问题（闫泽斌等，2017）。

根据吸收能力理论，能够吸收并应用新知识的企业将比那些不具备这种能力的企业更具有竞争优势。具有高吸收能力的企业倾向于主动搜寻和吸收新知识；但是，低吸收能力的企业只会在绩效水平下降或面临失败时才被动探索新知识。如果企业有专人负责获取开展公司创业所需的知识资源，如推动建立一个能够促进新知识跨界搜寻获取和应用的团队，建立一个强大的知识库，监控新知识的进展，持续记录和跟踪公司目标进展顺利及进展不顺利的新知识，并使用这些信息推进公司内部新知识的搜寻、消化吸收和利用这一持续循环。

本书认为，跨界搜寻为企业开展公司创业活动提供了多样化的丰富的异质性知识，从而增强了企业的竞争优势，企业也越来越认识到跨界搜寻的重要性，在公司创业过程中不断寻求新知识。跨界搜寻对公司创业具有积极作用，企业进行跨界搜寻的水平越高越会促进公司创业活动的产生。但是，不同企业在公司创业活动的过程和结果方面所存在的较大差异，在一定程度上表明了吸收能力在其中起到重要的中介影响作用。如果企业的吸收能力较低，则可能会影响通过跨界搜寻所获取的外部科学技术知识、产品和市场知识在提高吸收能力方面的作用；只有企业具有较高的吸收能力，能够评估、同化和应用外部知识的能力越强，跨界搜寻所获取的外部知识对公司创业活动的增加影响才可能最大化。

有鉴于此，本书对企业吸收能力在跨界搜寻与公司创业之间关系提出以下假设：

H_4：吸收能力在跨界搜寻与公司创业之间起着中介作用。

3.2.5 高层管理者支持在跨界搜寻与公司创业之间的作用

史蒂文森等（1990）认为，公司创业是企业家通过汇聚一系列独特的资源发现新的机会，从而创造价值的过程，公司创业是识别和从事创业活动的战略决策实践，是公司层面的战略决策过程（Dess & Lumpkin，2005）。梁等（2007）认为，高层管理者支持包括高管信念和高管参与两个方面（白海青、毛基业，2014；武德昆等，2014；Hu et al.，2012），高管信念指的是高管对某项需要开展的活动潜力的主观心理认知的状态，而高管参与指的是高管为促进某项活动的开展而采取的行为和行动。高层管理者的支持是项目成功的一个关键因素（Pinto & Slevin，1988），如支持跨界搜寻活动的项目。

根据动态能力理论，企业在获取外部知识并吸收内外部新知识资源的基础上，分析外部环境，识别和定义新机遇，制定响应新机遇的战略，有目的地创建、扩展和调整其资源方向，开展公司创业活动，如创新新产品、进入新市场、改变其组织结构或生产流程，提高组织能力，创造新的核心竞争优势。

本书认为，跨越时空的全面跨界搜寻能够增加知识搜寻的宽度和深度，是解决企业知识资源有限的重要途径，搜寻到的科学、技术、市场和需求等不同性质的知识是企业开展公司创业活动的基本前提，跨界搜寻对公司创业产生重要影响。但是，进行多维度的跨界搜寻活动会带来较高的成本，企业搜寻的范围越大，付出的成本可能越高，这是企业需要面对的问题。然而，如果企业的高层管理者在主观上认识到跨界搜寻对公司创业活动的重要性，并能够合理地衡量搜寻的成本，为企业的跨界搜寻活动提供态度和资源上的支持，跨界搜寻将会促进公司创业活动的开展。也就是说，高层管理者支持度高会增强跨界搜寻与公司创业之间的关系，高层管理者支持度低会消弱跨界搜寻与公司创业之间的关系。由此，本书对高层管理者支持在跨界搜寻与公司创业之间关系提出如下假设：

H_5：高层管理者支持在跨界搜寻与公司创业之间起显著的正向调节作用。

3.2.6 高层管理者支持在吸收能力与公司创业之间的作用

企业重视将吸收能力引入企业运营中，重视通过对内外部知识的消化吸收与应用，目的是增加公司创业活动，以获取核心竞争优势。但越来越多的证据表明，企业往往无法实现或较多地实现公司创业活动。其中一个较为重要的影响因素是缺乏高层管理者支持或支持的程度不足。

萨尔瓦托等（2009）认为，吸收能力的概念有利于认识和发展组织层面的知识获取、整合和使用机制，它们为现有的机会识别和机会利用的公司创业提供了潜在的有价值的观点。获取和消化外部知识会影响企业识别公司创业机会的能力，转化和利用外部知识则主要影响公司利用创业机会的能力。毛娜等（2009）研究结果表明，当高层管理者有高信任度和高支持度时，企业的经营取向将会影响领导绩效，并且经营取向会有助于领导者提高绩效；在高层管理者信任度和支持度较低的情况下，经营取向不会影响领导绩效。高层管理者的信任和支持，对经营取向与领导绩效之间的关系有调节作用。佩伊等（Pae et al.，2002）研究认为，高层管理者的支持包括两个方面：鼓励公司的顶级管理人员采用新技术或尝试新产品，即便他们知道有些人会失败；支持该公司的顶级管理层实施新技术，即便最高管理层认为，公司的竞争优势取决于将其产品和服务与竞争对手区分开来的新技术（Jaworski & Kohli，1993；Mitchell，1989）。

根据动态能力理论，企业对知识的整合重构能力，既整合了组织内外部新旧与零散知识，丰富了企业内部现有的知识库，也提高了企业对不可预见外部环境的适应能力，并最终通过动态资源分配提高现有资源的利用率，增强组织的知识运用和创造能力，促进公司创业活动的平稳开展。在动态的会发生剧烈变化的环境中，现有的运作惯例将成为企业发展的阻碍，企业需要在外部知识进行识别评估、消化吸收和应用而创造出新的知识，实施新的公司创业活动，如新技术和新产品战略。

本书认为，实施新技术或在现有领域内开展新业务会带来高成本及失败的风险。企业的高层管理者了解通过吸收能力而形成的公司创业活动方案，并认为企业的竞争优势取决于将产品和服务与竞争对手区分开来的新技术，且高度支持采用新技术或尝试创造新的产品，公司创业活动就会很顺利的开展。如果企业的高层管理者不支持或支持的程度低，公司创业活动将难以实现。换句话说，高层管理者支持度高会增强吸收能力与公司创业之间的关系，高管理者支持度低会消弱吸收能力与公司创业之间的关系。

基于上面的分析，本书对高层管理者支持在吸收能力与公司创业之间关系提出以下假设：

H_6：高层管理者支持在吸收能力与公司创业之间起显著的正向调节作用。

 ## 3.3　理论模型

本书根据提出的研究问题，基于组织搜寻理论、吸收能力理论与动态能力理论等理论基础，以及所提出的研究假设，构建出如图 3 – 1 所示的理论模型。

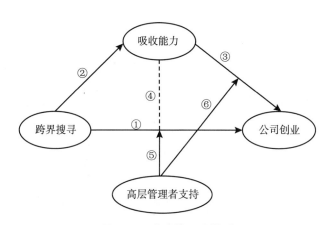

图 3 – 1　本书的理论模型

如图 3 – 1 所示，本书认为，企业在跨界搜寻中获取的外部知识越多，越有助于企业开展更多的公司创业活动（①）；跨界搜寻获取的外部知识越多，越会促进吸收能力的提升（②）；企业的吸收能力越强，越可能促使企业实现更多的公司创业活动（③）；企业通过超越组织边界和技术边界的跨界搜寻活动会获取多样化异质性强的外部新知识，通过对外部新知识的评估、与内部知识的整合消化吸收并转化成可以应用的知识，经过吸收能力这一核心环节，输出满足企业目标的结果即更多的公司创业活动，即吸收能力在跨界搜寻与公司创业之间的关系中起着重要的中介作用（④）；高层管理者支持在跨界搜寻与公司创业之间起着显著的正向调节作用（⑤）；高层管理者支持在吸收能力与公司创业之间起着显著的正向调节作用（⑥）。

第4章

研究设计

本章首先介绍了问卷的设计；其次确定了变量测度的量表，形成初始调研问卷，收集和分析预测试样本数据，运用探索性因子分析，删除信度和效度不高的题项后，形成正式的调研问卷；再次对正式样本数据分别进行描述性统计分析、建立相关系数矩阵进行相关性分析和信度分析，最后通过验证性因子分析方法进行效度分析。

4.1 问卷设计

4.1.1 问卷设计的过程

1. 研读文献，初步确定测量量表，形成初始问卷

通过充分阅读国内外对跨界搜寻、吸收能力、高层管理者支持和公司创业研究的代表性文献，初步确定测量量表，形成调研问卷的初稿（王天力，

2013）。量表中，对每个题项使用里克特 5 点打分法，请答题者根据实际情况选择，本书具体问题的赋值为：1—完全不同意，2—基本不同意，3——般，4—比较同意，5—完全同意。

2. 调研问卷的修改

请专家和测量对象评审题项以保证量表的内容效度，以及字面上没有晦涩难懂、意思模糊的地方。

第一，导师及调研组成员对题项的内容、题项的语言表述及题项的合理性等方面进行认真讨论，提出建议，根据建议对调研问卷进行第一次修改。

第二，将量表发给有代表性的几家企业的高管，根据高管们的实际评价结果，进一步完善量表，形成预测试样本的调研问卷。

4.1.2 问卷内容

本书的问卷内容包括两个部分：

第一部分：公司基本信息和企业家信息。包含被调研公司名称、所有权性质、成立年限、现有员工数、所在地区、所属行业、所处发展阶段以及企业家的相关信息等内容。

第二部分：变量测量部分。包含：（1）跨界搜寻的测度，包括科技驱动型、市场驱动型、共性技术导向和产品技术导向跨界搜寻；（2）吸收能力测度，由知识评估能力、知识同化能力和知识应用能力构成；（3）高层管理者支持测度，单维度测量；（4）公司创业测度，从创新、风险承担和战略更新三个维度进行测量。

4.1.3 调查对象的选择

1. 样本选择范围

跨界搜寻、吸收能力与公司创业的理念与实际应用不是发生在所有的企业经营过程中。因此，根据研究内容，本书所调查的企业行业类型主要有高科技、传统制造、建筑和商贸/服务型。

2. 分析层次与问卷填答者的身份定位

本书主要研究的是跨界搜寻同吸收能力与公司创业之间的关系，因此，本书的分析层面是公司层面，问卷中的题项由被调研企业的董事长、总经理、副总经理或其他高级管理人员作答。

3. 样本量的确定

本书的调研问卷中共有 35 个测量题项，因此总体研究样本应该在 175 个以上。因此，本书发放 830 份的企业实地调研问卷、50 封 E – mail 问卷及 1900 份左右采用问卷星形式的调研问卷。

4.2 变量测度

有关跨界搜寻、吸收能力、高层管理者支持与公司创业的相关文献在第 2 章已较为翔实的阐述，本书在此只介绍所使用的量表及其问题陈述。

4.2.1 自变量——跨界搜寻

肖丁丁和朱桂龙（2017）修正了国外学者的搜寻维度与内容，设计出比较适合测量中国企业的跨界搜寻量表。本书认同他们的观点，并借鉴了其量表，具体如表 4 - 1 所示。

表 4 - 1　　　　　　　　　　　　　跨界搜寻量表

编号	问题陈述
SS1	公司经常与高校开展联合人才培训活动
SS2	公司经常与政府科技部门咨询产业发展政策与趋势
SS3	公司经常向研究机构咨询技术趋势
SS4	公司研发部门时刻关注技术标准、专利等信息更新状况
MS1	公司及时跟踪设备、物料等供应商提供的信息
MS2	公司一直关注行业内竞争对手的产品研发、营销策略
MS3	公司经常吸纳行业协会/商会提供的市场信息
MS4	公司会采用咨询公司提供的信息
MS5	公司经常参加设计或产品交流会、博览会收集行业最新信息
GT1	公司经常通过公共平台了解行业内/外共性技术发展趋势
GT2	公司积极参与政府发起的共性技术攻关项目
GT3	公司所在联盟内成员大多面临行业共性技术难题
GT4	公司积极参加业内企业发起的共性技术研发计划
PT1	公司积极为实现合作创新目标进行工艺流程改进
PT2	公司内部技术中心以产品检测、改良为主
PT3	营销人员能及时将产品设计与功能变化趋势反馈给研发部门
PT4	公司的工程师改良产品能力突出

資料来源：肖丁丁，朱桂龙．跨界搜寻、双元能力结构与绩效的关系研究——基于创新能力结构视角 [J]．经济管理，2017（3）：48 - 62.

4.2.2　中介变量——吸收能力

加的斯等（Cadiz et al.，2009）研究认为，吸收能力描述了一个公司使用过去的经验增强学习和应用新知识的能力，通过评估、同化和应用的过程将新知识转化为可用知识。评估：对有价值信息的识别和过滤的能力。同化：新知识转化为可用知识的能力。应用：使用知识的能力。

对吸收能力的测量，本书认同加的斯等（2009）的观点，即吸收能力包含知识评估能力、知识同化能力和知识应用三个维度，并借鉴其量表。题项（1~3）测量评估能力，题项（4~6）测量同化能力，题项（7~9）测量应用能力。有关测量的题项具体如表4-2所示。

表 4 - 2   吸收能力量

编号	问题陈述
AS1	我们团队的人能够识别对公司最有价值的知识
AS2	我们很容易确定哪些知识在满足客户需求方面最有用
AS3	我们对用于确定哪些新信息可信和可靠的技术了如指掌
AL1	我们团队共享的知识使我们能够轻松理解技术领域内的新资料
AL2	我们很容易看到团队内部共同掌握的知识之间的联系
AL3	团队中的许多新技术开发与当前的技术十分契合
AC1	我们很容易调整我们的工作，以利用新技术知识
AC2	新技术知识可以很快地应用到我们的工作中
AC3	我们的客户可以立即从公司学到的新技术知识中获益

资料来源：Cadiz D.，Sawyer J E.，Griffith T. L. Developing and Validating Field Measurement Scales for Absorptive Capacity and Experienced Community of Practice [J]. Educational and Psychological Measurement，2009，69（6）：1035 - 1058.

4.2.3 调节变量——高层管理者支持

本书的高层管理者支持（top-management support）量表借鉴了佩伊等（2002）使用的量表，而佩伊等（2002）则是借鉴了米切尔（Mitchell，

1989)，贾沃斯基和克里（Jaworski & Kohli，1993）的研究成果。具体如表4-3所示。

表4-3   高层管理者支持量

编号	问题陈述
TMS1	公司高层管理者鼓励采用新技术或尝试新产品，尽管他们知道有些可能会失败
TMS2	公司的最高管理层支持实施新技术
TMS3	最高管理层认为，公司的竞争优势取决于将其产品和服务与竞争对手区分开来的新技术

资料来源：Pae J. H. ，Kim N. ，Han J. K. ，Yip L. Managing Intra organizational Diffusion of Innovations: Impact of Buying Center Dynamics and Environments [J]. Industrial Marketing Management，2002，31（8）：719 - 726.

4.2.4　因变量——公司创业

扎赫拉（1996）认为，公司创业可以从创新、冒险和战略更新维度进行测量。尽管扎赫拉（1996）提出的测量公司创业的量表从时间跨度上看已经历经30多年，但直到目前依旧得到学者们的认可，并被采用（Wei & Ling，2015；Behrens & Patzelt，2015；Nason et al. ，2015）。

本书认同并借鉴扎赫拉（1996）开发的量表。其中，四个题项（1-4）来衡量公司创新、三个题项（5-7）来衡量风险承担及三个题项（8-10）用于衡量战略更新，如表4-4所示。

表4-4   公司创业量

编号	问题陈述
IE1	公司已明显地增加新产品/服务开发的支出活动

续表

编号	问题陈述
IE2	公司增加现有市场中的产品/服务数量
IE3	公司首次在市场上推出新的产品/服务数量
IE4	公司强调研发、技术领先和创新
VE1	公司拓宽了当前行业的业务范围
VE2	公司在与当前业务相关的新行业中开展新业务
VE3	公司通过提供新产品线和产品/服务进入了新业务领域
SR1	公司协调各单位之间的活动，以加强公司创新
SR2	公司采用灵活的组织结构来增加创新
SR3	公司培训并鼓励员工发挥创造力和创新能力

资料来源：Zahra S. A. Goverance, Ownership, and Corporate Entrepreneurship：The Moderating Impact of Industry Technological Opportunities [J]. Academy of Management Journal, 1996, 39 (6)：1713 - 1735.

4.2.5 控制变量

本书使用所有权性质、成立年限、地区、行业、发展阶段和现有员工数六个控制变量，关于控制变量的定义见附录中调研问卷。

本书对所使用的研究变量名称与符号的界定如表4-5所示。

表4-5 变量名称与符号一览

变量名称	变量符号
科技驱动型跨界搜寻	SS
市场驱动型跨界搜寻	MS
共性技术导向跨界搜寻	GTT
产品技术导向跨界搜寻	PT
跨界搜寻	BSS

续表

变量名称	变量符号
知识评估能力	AS
知识同化能力	AL
知识应用能力	ASC
吸收能力	AC
高层管理者支持	TMS
创新	IE
风险承担	VE
战略更新	SR
公司创业	CE
所有权性质	Ownership
成立年限	Duration – Time
地区	Region
行业	Industry
发展阶段	Stage
现有员工数	Employees

资料来源：作者整理而得。

4.3 预测试样本数据的收集与分析

4.3.1 预测试样本数据的收集

本书通过实地发放 130 份问卷，现场回收了 120 份，剔除无效问卷之后，形成了 50 个样本企业的 100 份有效问卷。调研时间是 2019 年 7 月，历时一周完成了预测试样本实地调研。预测试样本调研主要面向江苏和安徽的企业，为保证数据的有效性、可靠性和真实性，主要采用现场向企业管理者发放问卷，由管理者填写完后现场收回。预测试样本数据预测试的目的是为了形成具有较高信度和效度的正式调研问卷。

4.3.2 问卷同源方差问题

为避免同源方差问题，每个企业由 2 位高管负责填写问卷，其中，由董事长或总经理填写跨界搜寻、吸收能力与高层管理者支持的题项，由副总经理或其他高管填写公司创业的问卷。

4.3.3 预测试样本数据的描述性统计分析

根据调研结果，调研企业成立年限在 2~5 年和 6~10 年的居多，分别占总量的 30.00% 和 26.00%。从调研企业的成立年限来看，预测试样本企业所处的发展阶段在成熟阶段的最多，达到总量的 42.00%；其次是成长阶段，占总量的 40.00%。国有及国有控股、私营/民营控股、个人独资/合伙比较多，且相差不大，分别达到总量的 22.00%、30.00% 和 30.00%。从所属行业的分布看，高科技和传统制造业比较多，合计达到总量的 56.00%。企业员工数小于 50 人的，占总量的 50.00%；企业员工在 51~100 人的占总量的 16.00%；企业员工数在 101~500 人的，占总量的 24.00%；企业员工数在 501~1000 人和 1501~2000 人及 2001 人以上的总占比 10.00%。

4.3.4 预测试样本数据的信度分析

1. 跨界搜寻的信度分析

从表 4-6 可知：由于 MS1 和 MS2 对应的 CITC 值均小于 0.2，说明它们与其余题项的关系较弱，可以考虑进行删除处理。删除这两个题项后的检验结果如表 4 – 7 所示。删除题项后，市场驱动型跨界搜寻的 Cronbach's α 系数从 0.640 明显提高到 0.853。

表 4 – 6   跨界搜寻的信度检验

跨越边界类型	子维度	题项	CITC	项已删除的 α 系数	Cronbach's α 系数
基于组织边界的跨界搜寻	SS	SS1	0.584	0.857	0.852
		SS2	0.718	0.804	
		SS3	0.781	0.772	
		SS4	0.703	0.807	
	MS	MS1	0.138	0.705	0.640
		MS2	−0.038	0.710	
		MS3	0.504	0.527	
		MS4	0.673	0.430	
		MS5	0.711	0.420	
基于技术边界的跨界搜寻	GTT	GT1	0.660	0.903	0.894
		GT2	0.844	0.834	
		GT3	0.846	0.835	
		GT4	0.769	0.873	
	PT	PT1	0.694	0.816	0.855
		PT2	0.843	0.747	
		PT3	0.422	0.911	
		PT4	0.864	0.742	

资料来源：作者整理而得。

表 4 - 7　　　　　　　　　删除题项后跨界搜寻的信度检验

跨越边界类型	子维度	题项	CITC	项已删除的 α 系数	Cronbach's α 系数
基于组织边界的 跨界搜寻	SS	SS1	0.584	0.857	0.852
		SS2	0.718	0.804	
		SS3	0.781	0.772	
		SS4	0.703	0.807	
	MS	MS3	0.766	0.769	0.853
		MS4	0.800	0.728	
		MS5	0.642	0.870	
基于技术边界的 跨界搜寻	GTT	GT1	0.660	0.903	0.894
		GT2	0.844	0.834	
		GT3	0.846	0.835	
		GT4	0.769	0.873	
	PT	PT1	0.694	0.816	0.855
		PT2	0.843	0.747	
		PT3	0.422	0.911	
		PT4	0.864	0.742	

资料来源：作者整理而得。

2. 吸收能力的信度分析

表 4 - 8 显示除了 AL1（我们团队共享的知识使我们能够轻松理解技术领域内的新资料）为 0.395，其余所有题项的 CITC 值均大于 0.4，不需要对它们进行修正或者删除处理。是否需要对 AL1 作删除处理，结合效度进一步分析。

表 4 - 8   吸收能力的信度检验

变量	子维度	题项	CITC	项已删除的 α 系数	Cronbach's α 系数
吸收能力	AS	AS1	0.492	0.697	0.724
		AS2	0.493	0.728	
		AS3	0.688	0.485	
	AL	AL1	0.395	0.838	0.744
		AL2	0.720	0.465	
		AL3	0.620	0.597	
	ASC	ASC1	0.723	0.708	0.822
		ASC2	0.782	0.640	
		ASC3	0.539	0.886	

资料来源：作者整理而得。

3. 高层管理者支持的信度分析

高层管理者支持是单维度变量，其信度检验如表 4 - 9 所示，高层管理者支持变量的信度系数值为 0.642，低于 0.7，表明吸收能力变量数据的信度较低。TMS1 和 TMS2 的项已删除的 α 系数降低，不需要对它们进行修正或删除。而 TMS3（最高管理层认为，公司的竞争优势取决于将其产品和服务与竞争对手区分开来的新技术）的 CITC 值是 0.265，小于 0.35，项已删除的 α 系数明显提高，需要对它进行删除处理。

表 4 - 9   高层管理者支持的信度检验

变量	题项	CITC	项已删除的 α 系数	Cronbach's α 系数
高层管理者支持	TMS1	0.667	0.254	0.642
	TMS2	0.473	0.518	
	TMS3	0.265	0.777	

资料来源：作者整理而得。

表 4 - 10 显示，删除题项 TMS3 后，高层管理者支持的 α 系数从 0.642 提升到 0.777，表明信度提高。

表 4 - 10　　　　　　删除题项后高层管理者支持的信度检验

变量	题项	CITC	项已删除的 α 系数	Cronbach's α 系数
高层管理者支持	TMS1	0.644	—	0.777
	TMS2	0.644	—	

资料来源：作者整理而得。

4. 公司创业的信度分析

根据表 4 - 11，创新变量的 α 系数是 0.511，信度较低，进一步看，IE2（公司增加现有市场中的产品/服务数量）和 IE3（公司首次在市场上推出新的产品/服务数量）的 CITC 值分别是 0.344 和 0.121，均小于 0.35，项已删除的 α 系数明显提高，分别达到 0.404 和 0.662，需要对 IE3 进行删除处理，而 IE2 删除后的系数变化不大，可以考虑不删除，结合后面的效度进行分析。

表 4 - 11　　　　　　　　公司创业的信度检验

变量	子维度	题项	CITC	项已删除的 α 系数	Cronbach's α 系数
公司创业	IE	IE1	0.510	0.291	0.511
		IE2	0.344	0.404	
		IE3	0.121	0.662	
		IE4	0.353	0.403	

续表

变量	子维度	题项	CITC	项已删除的 α 系数	Cronbach's α 系数
公司创业	VE	VE1	0.752	0.733	0.841
		VE2	0.666	0.815	
		VE3	0.700	0.785	
	SR	SR1	0.801	0.767	0.869
		SR2	0.794	0.776	
		SR3	0.670	0.885	

资料来源：作者整理而得。

表4-12显示，删除题项 IE3（公司首次在市场上推出新的产品/服务数量）后，创新的创新变量的 α 系数从 0.511 提升到 0.662，表明信度提高。

表4-12 删除题项后公司创业的信度检验

变量	子维度	题项	CITC	项已删除的 α 系数	Cronbach's α 系数
公司创业	IE	IE1	0.640	0.355	0.662
		IE2	0.504	0.525	
		IE4	0.311	0.767	
	VE	VE1	0.752	0.733	0.841
		VE2	0.666	0.815	
		VE3	0.700	0.785	
	SR	SR1	0.801	0.767	0.869
		SR2	0.794	0.776	
		SR3	0.670	0.885	

资料来源：作者整理而得。

4.3.5 预测试样本数据的探索性因子分析

在探索性因子分析中，本书对预测试数据采用 KMO 统计量、Bartlett 球形检验统计量、方差贡献率值和因子载荷系数进行效度的分析。累计方差贡献率值用于说明信息提取的水平，因子载荷系数则用于衡量因子和题项之间的对应关系。

1. 跨界搜寻的探索性因子分析

从表 4 – 13 可以得到，除了 MS2（公司一直关注行业内竞争对手的产品研发、营销策略）的因子载荷系数值为 0.463，小于 0.6 外，及 GT1（公司经常通过公共平台了解行业内/外共性技术难题）的题项因子载荷系数值为 0.600 外，其他所有题项的因子载荷系数值均大于 0.6，说明它们和因子均有对应关系。5 个因子的累积方差解释率为 80.849%，意味着跨界搜寻变量的信息量可以被有效地提取出来。

表 4 – 13 跨界搜寻的探索性因子分析结果

题项	因子载荷量				
	因子 1	因子 2	因子 3	因子 4	因子 5
SS1	0.765	0.255	– 0.191	0.058	0.184
SS2	0.698	– 0.127	0.105	– 0.093	– 0.274
SS3	0.817	– 0.035	– 0.091	0.103	0.391
SS4	0.778	– 0.404	– 0.041	0.124	– 0.155
MS1	0.244	– 0.065	0.097	0.805	– 0.337
MS2	0.284	– 0.411	0.386	0.463	0.195
MS3	0.267	0.876	0.098	– 0.120	0.099
MS4	0.371	0.827	0.023	0.105	0.077

续表

题项	因子载荷量				
	因子 1	因子 2	因子 3	因子 4	因子 5
MS5	0.255	0.700	0.295	0.394	0.185
GT1	0.557	-0.160	0.600	-0.017	0.381
GT2	0.863	0.034	0.193	-0.292	0.053
GT3	0.703	-0.265	0.510	-0.197	0.166
GT4	0.850	0.015	0.155	-0.306	0.148
PT1	0.878	0.004	-0.132	-0.048	-0.118
PT2	0.765	-0.070	0.457	0.021	0.085
PT3	0.342	-0.148	-0.490	0.174	0.629
PT4	0.713	-0.023	-0.591	0.044	0.060
特征值	7.014	2.483	1.809	1.333	1.106
方差解释率（%）	41.258	14.608	10.641	7.839	6.503
Kaiser – Meyer – Olkin（KMO）Measure of Sampling Adequacy					0.726
Bartlett's Test of Sphericity	Approx. Chi – Square（渐进卡方统计量）				686.825
	Df（自由度）				136.000
	Sig.（显著性水平）				0.000

资料来源：作者整理而得。

根据表 4 - 13，KMO 值为 0.726，大于 0.7，意味着跨界搜寻数据具有效度。Bartlett 球形检验统计量值是 686.825，其对应的伴随概率为 0，且统计显著。结果证实跨界搜寻量表中的数据适合作因子分析。

结合表 4 - 7 的信度检验结果，本书最终将题项 MS1 与 MS2 作删除处理。删除后市场驱动型跨界搜寻的题项由原来的 5 项变成 3 项，基于组织的跨界搜寻由原来的 9 项变成 7 项。

2. 吸收能力的探索性因子分析

表 4 - 14 显示，AS1 - AS3、AL1 - AL3、ASC1 - ASC3 等所有题项的因子

载荷系数值均高于 0.6，表明这些题项和因子均存在对应关系。2 个因子的方差解释率值分别是 51.098%、14.699% 和 10.991%，它们的累积方差解释率达到 76.788%，意味着吸收能力变量的信息量可以被有效地提取出来。

表 4 – 14　　　　　　　　　　吸收能力的探索性因子分析结果

题项	因子载荷量		
	因子 1	因子 2	因子 3
AS1	0.607	− 0.002	0.608
AS2	0.526	0.770	0.121
AS3	0.860	0.218	0.000
AL1	0.665	− 0.190	− 0.255
AL2	0.667	− 0.526	0.226
AL3	0.742	− 0.247	0.403
ASC1	0.827	0.319	− 0.201
ASC2	0.821	0.111	− 0.345
ASC3	0.648	− 0.442	− 0.408
特征值	4.599	1.323	0.989
方差解释率（%）	51.098	14.699	10.991
Kaiser – Meyer – Olkin（KMO）Measure of Sampling Adequacy			0.778
Bartlett's Test of Sphericity	Approx. Chi – Square（渐进卡方统计量）		256.005
	Df（自由度）		36.000
	Sig.（显著性水平）		0.000

资料来源：作者整理而得。

根据表 4 – 14，吸收能力 KMO 值为 0.778，高于 0.7，意味着数据具有效度。Bartlett 球形检验统计量值是 256.005，其对应的伴随概率为 0.000，通过了显著性检验，表明吸收能力量表中的数据适合进行因子分析。

3. 高层管理者支持的探索性因子分析

从表 4-15 可以看出，TMS1、TMS2 和 TMS3 题项的因子载荷系数值均高于 0.8，表明题项和因子均具有对应关系。系统中显示有 2 个因子，并且这 2 个因子的方差解释率值分别是 60.029% 和 29.283%，累积方差解释率达到 89.312%，意味着高层管理者支持变量的信息量已可以被有效地提取出来。结合表 4-14，本书将题项 TMS3 作删除处理。

根据表 4-15，因高层管理者支持变量只有两个测量题项，所以其 KMO 值为 0.511，意味着数据具有效度。Bartlett 球形检验统计量值是 32.012，对应的伴随概率为 0，意味着通过了显著性检验。检验结果证实了高层管理者支持量表中的数据适合进行因子分析。

表 4-15　　　　　　　　高层管理者支持的探索性因子分析结果

题项	因子载荷量	
	因子 1	因子 2
TMS1	0.904	-0.107
TMS2	0.827	-0.429
TMS3	0.547	0.826
特征值	1.801	0.878
方差解释率（%）	60.029	29.283
Kaiser-Meyer-Olkin（KMO）Measure of Sampling Adequacy		0.511
Bartlett's Test of Sphericity	Approx. Chi-Square（渐进卡方统计量）	32.012
	Df（自由度）	3
	Sig.（显著性水平）	0.000

资料来源：作者整理而得。

4. 公司创业的探索性因子分析

从表 4-16 可以得到，公司创业的所有题项的因子载荷系数值均高于

0.7，表明题项和因子均具有对应关系。3个因子的方差解释率值分别是 51.172%、14.200%和11.718%，累积方差解释率达到77.090%，意味着公司创业变量的信息量可以被有效地提取出来。公司创业的KMO值为 0.854，意味着数据具有高效度。Bartlett球形检验统计量值是279.212，其对应的伴随概率为0，意味着通过了显著性检验。检验结果表明，公司创业量表中的数据适合作因子分析。

表4-16 公司创业的探索性因子分析结果

题项	因子载荷量		
	因子1	因子2	因子3
IE1	0.491	0.736	0.149
IE2	0.312	0.854	0.129
IE3	0.255	-0.221	0.892
IE4	0.846	-0.034	-0.058
VE1	0.878	-0.014	-0.204
VE2	0.774	-0.110	-0.031
VE3	0.741	-0.060	-0.474
SR1	0.867	-0.194	0.065
SR2	0.828	-0.189	0.252
SR3	0.801	-0.095	-0.003
特征值	5.117	1.420	1.172
方差解释率（%）	51.172	14.200	11.718
Kaiser - Meyer - Olkin （KMO） Measure of Sampling Adequacy			0.854
Bartlett's Test of Sphericity	Approx. Chi - Square （渐进卡方统计量）		279.212
	Df （自由度）		45.000
	Sig. （显著性水平）		0.000

资料来源：作者整理而得。

综合表 4 – 6 ~ 表 4 – 16 可以得出，跨界搜寻中删除题项 MS1 与 MS2、高层管理者支持删除题项 TMS3 及公司创业中删除题项 IE3 后，跨界搜寻、吸收能力、高层管理者支持以及公司创业的各题项均具有信度和效度，能够满足本书研究的需要。

4.4 正式样本数据的收集与分析

4.4.1 正式样本数据的收集

本书的研究涉及的是跨界搜寻、吸收能力和公司创业之间的关系，所以在调研时尽可能地选择有研发部门或创新产品的企业。通过三种调研问卷的方式收集数据，即实地调研、E – mail 调研和问卷星网络调研，以实地调研为主。在实地调研中，得到了工商联、工商局、多个地区商会及经济开发区管委会等领导的帮助。为保证数据的有效性、可靠性和真实性，发放和回收调研问卷主要采用现场发放，由企业高管填写完后现场收回。E – mail 调研将问卷通过邮箱发送给企业的负责人。问卷星网络调研则是通过资源转发到全国企业家微信群。

为避免同源方差，在实地调研中，每个企业由 2 位高管负责填写问卷，其中，由董事长或总经理填写跨界搜寻、吸收能力与高层管理者支持的题项，由副总经理或其他高管填写公司创业的问卷。但对于网上调研，为了确保数据的有效性，在问卷中强调每个公司由 2 位负责人填写，提交 2 份问卷。1 个公司只提交 1 份的和 1 位负责人用同一个 IP 地址提交 2 份问卷的均作为无效问卷。

正式样本数据的调研时间是 2019 年 7 月 ~ 8 月，跨江苏和安徽两省份，历时 40 天完成。实地调研中总共发放 415 个企业的调研问卷 830 份，现场回收了 608 份，邮寄了 38 份，实地调研问卷回收率达到 77.83%，删除了一些无效问卷，形成了 249 个样本企业的 498 份有效问卷。E – mail 调研面向中石油、国药、中国化学股份等 48 家中国前 100 强企业，只收到 1 家填写问卷，回收率达到 2.08%。通过问卷星向全国企业家微信群和单个企业家转发，发给了 1895 人，收到了网络填写 174 份问卷，回收率达到 9.18%，有效问卷只有 28 家公司的 56 份。正式样本调研形成了 277 个样本企业的 554 份有效问卷。

4.4.2　正式样本数据的描述性统计分析

1. 样本企业特征的描述性统计分析

样本企业的成立年限对其是否进行跨界搜寻、吸收能力的强弱、高层管理者支持的高低及公司创业活动的多少等有着紧密的联系。所调研的企业成立年限 2 ~ 5 年和 6 ~ 10 年的居多，分别达到调研总数的 30.69% 和 32.85%；成立年限 11 ~ 15 年的占总量的 15.88%；成立年限 16 年以上的企业也达到 17.33%。调研企业在成长阶段和成熟阶段的居多，分别占总量的 38.63% 和 35.02%；在创业初期的占总量的 20.22%；转型阶段的较少，占总量的 6.13%。被调研样本企业涉及江苏（如南京、苏州、连云港、泰州、昆山）、安徽（如合肥、蚌埠）、山东、浙江、广东、江西、上海、天津、北京等地区。安徽、山东等均属于中部，中部地区的企业较多，占总量的 67.87%；江苏、浙江、广东、上海、天津、北京等属于东部，东部地区的企业占总量的 31.41%；江西属于西部，西部的企业最少，占总量的 0.72%。

样本调研企业属于私营/民营控股和合资的居多，分别占总量的 28.52% 和 44.40%；国有及国有控股企业占总量的 15.88%；集体和股份合作的较少，占总量的 7.22%。样本调研企业属于传统制造的最多，占总量的 33.21%；高科技和商贸/服务相差不多，分别占总量的 18.05% 和 22.02%；建筑行业占总量的 12.64%，也有企业选择其他，占总量的 14.08%。企业员工数小于 50 人的，占总量的 57.40%；员工数在 51 ~ 100 人的达到总量的 19.13%；员工数在 101 ~ 500 人的企业达到总量的 15.16%；员工数在 501 ~ 1000 人和 1501 ~ 2000 人的均占比 3.98%；现有员工数达到 2000 人及以上的企业，占总量的 4.33%。

2. 问卷中主要研究变量的描述性统计分析

本调研问卷中有跨界搜寻、吸收能力、高层管理者支持和公司创业 4 个潜变量。本书将每个潜变量中题项的得分进行汇总，再除以每个潜变量所包含的题项数目，从而得到潜变量的得分，以消除题项数目对潜变量得分产生的影响。本书对潜变量及其主要维度进行描述统计分析，其结果如表 4 - 17 所示。

表 4 - 17　　　　　　　潜变量及各维度的描述性统计量

变量	平均值	最小值	最大值	标准误	偏度	峰度
科技驱动型跨界搜寻（SS）	3.741	1.000	5.000	0.806	-0.505	0.147
市场驱动型跨界搜寻（MS）	3.232	1.000	5.000	0.941	-0.026	-0.689
共性技术导向跨界搜寻（GTT）	3.650	1.000	5.000	0.874	-0.444	-0.130
产品技术导向跨界搜寻（PT）	3.950	1.000	5.000	0.791	-0.736	0.579

续表

变量	平均值	最小值	最大值	标准误	偏度	峰度
跨界搜寻（BSS）	3.643	1.750	5.000	0.646	-0.275	-0.468
高层管理者支持（TMS）	3.971	1.000	5.000	0.765	-0.494	0.157
知识评估能力（AS）	4.122	1.670	5.000	0.662	-0.640	0.508
知识同化能力（AL）	3.719	1.670	5.000	0.692	-0.023	-0.551
知识应用能力（ASC）	3.580	2.000	5.000	0.745	0.132	-0.742
吸收能力（AC）	3.807	2.110	5.000	0.582	-0.211	-0.236
创新（IE）	3.817	1.000	5.000	0.778	-0.256	-0.343
风险承担（VE）	3.788	1.000	5.000	0.711	-0.262	0.236
战略更新（SR）	3.555	1.000	5.000	0.851	-0.360	-0.134
公司创业（CE）	3.720	1.670	5.000	0.656	-0.298	-0.416

资料来源：作者整理而得。

从表 4-17 中可以看出，跨界搜寻（BSS）、吸收能力（AC）、公司创业（CE）及其各维度和高层管理者支持的样本平均值均大于 3，其中跨界搜寻的 4 个维度中，产品技术导向跨界搜寻的均值大于科技驱动型跨界搜寻、市场驱动型跨界搜寻和共性技术导向跨界搜寻。吸收能力的 3 个维度中，知识评估能力的均值最大，为 4.122；知识应用能力的均值最小，为 3.580。公司创业的 3 个维度中，创新的均值最大，为 3.817；战略更新的均值最小，为 3.555。通过比较 4 个潜变量的均值，能够看出，高层管理者支持的均值最大，为 3.971；吸收能力的平均水平高于跨界搜寻和公司创业，表明企业越来越重视吸收能力的作用。

从偏度和峰度值来看，跨界搜寻、高层管理者支持、吸收能力和公司创业及它们的各维度没有呈现出严格的正态分布特征。张珊珊、刘红云和侯杰泰（2007）认为，在实际研究中，多元正态分布的条件是很难满足的，极大似然法仍然是比较合适的估计方法，各参数的估计仍然具有参考价值；当正态条件不满足时，基于 ML 估计的结论仍是可信的（卫维平，2008）。

4.4.3　主要变量的相关性分析

跨界搜寻、吸收能力和公司创业变量及它们的各维度，以及高层管理者支持之间的相关系数矩阵如表 4 - 18 所示，鉴于表格大小限制，本书只保留两位小数，但不影响对变量之间相关关系的分析。

表 4 - 18　　　　　　　　　　　主要研究变量相关系数矩阵

	SS	MS	GTT	PT	BSS	AS	AL	ASC	AC	IE	VE	SR	CE	TMS
SS	1													
MS	0.26 **	1												
GTT	0.55 **	0.54 **	1											
PT	0.50 **	0.18 **	0.58 **	1										
BSS	0.74 **	0.68 **	0.88 **	0.72 **	1									
AS	0.38 **	0.04	0.33 **	0.44 **	0.31 **	1								
AL	0.39 ***	0.27 ***	0.44 ***	0.40 **	0.46 **	0.56 **	1							
ASC	0.35 **	0.40 **	0.44 **	0.35 **	0.51 **	0.40 **	0.65 **	1						
AC	0.45 **	0.29 **	0.49 **	0.48 **	0.56 **	0.77 **	0.88 **	0.84 **	1					
IE	0.41 **	0.32 **	0.45 **	0.49 **	0.51 **	0.32 **	0.37 **	0.40 **	0.43 **	1				
VE	0.41 **	0.26 **	0.38 **	0.35 **	0.44 **	0.30 **	0.33 **	0.39 **	0.40 **	0.62 **	1			
SR	0.39 **	0.49 **	0.50 **	0.34 **	0.59 **	0.20 **	0.42 **	0.47 **	0.41 **	0.50 **	0.57 **	1		
CE	0.48 **	0.43 **	0.53 **	0.47 **	0.63 **	0.32 **	0.45 **	0.50 **	0.51 **	0.83 **	0.85 **	0.90 **	1	
TMS	0.36 **	0.17 **	0.38 **	0.46 **	0.45 **	0.38 **	0.41 **	0.40 **	0.48 **	0.39 **	0.41 **	0.35 **	0.45 **	1

注：*** 表示 $p < 0.001$，** 表示 $p < 0.01$，* 表示 $p < 0.05$。
资料来源：作者整理而得。

表 4 - 18 列出了主要研究变量的相关系数和显著性水平。从 4 - 18 可以

看出，主要变量之间的相关系数均远低于 0.8，可以初步表明模型不存在严重的多重共线性问题，有关 TMS 与 CE 之间的共线性本书将在第 5 章进行共线性诊断检验。

其中，科技型跨界搜寻（SS）与吸收能力（AC）的系数 0.449，市场型跨界搜寻（MS）与吸收能力（AC）的系数 0.294，共性技术导向跨界搜寻（GTT）与吸收能力（AC）的系数 0.474，产品技术导向跨界搜寻（PT）与吸收能力（AC）的系数 0.488，跨界搜寻（BSS）与吸收能力（AC）的系数 0.475（p < 0.01），表明跨界搜寻及其维度科技型跨界搜寻、市场型跨界搜寻、共性技术导向跨界搜寻、产品技术导向跨界搜寻均与吸收能力呈现出较为显著的正相关关系。

科技型跨界搜寻与公司创业（CE）的系数为 0.480，市场型跨界搜寻与公司创业的系数为 0.433，共性技术导向跨界搜寻与公司创业的系数为 0.532，产品技术导向跨界搜寻与公司创业的系数为 0.467，跨界搜寻与公司创业的系数为 0.630，表明跨界搜寻及其各维度均与公司创业均存在较为显著的正相关关系。知识评估能力（AS）与公司创业（CE）的系数为 0.321，知识同化能力（AL）与公司创业的系数为 0.448，知识应用能力（ASC）与公司创业的系数为 0.503，吸收能力与公司创业的系数为 0.514（p < 0.01），表明跨界搜寻及其各维度均与公司创业均存在较为显著的正相关关系。

公司创业（CE）与高层管理者支持 TMS 之间的系数为 0.454（p < 0.01），说明了高层管理者支持的程度越高，越有助于公司创业活动的开展。并且高层管理者支持与跨界搜寻（0.446）、吸收能力（0.481）之间的关系均是正相关的，表明高层管理者支持正向调节了跨界搜寻与公司创业、吸收能力与公司创业之间的关系。

4.4.4 正式样本数据的信度和效度分析

1. 正式样本数据的信度分析

本书首先使用Cronbach's α系数判断数据的内部一致性信度，然后在后续的实证分析中使用构造信度进一步验证模型的内部一致性信度。

表4-19显示，只有高层管理者支持与知识应用能力的Cronbach's α系数分别为0.701和0.753，其余的潜在变量及其维度的Cronbach's α系数均高于0.8，表明本书的正式样本调研数据的内部一致性信度较高。

表4-19 正式样本数据的内部一致性信度检验表

变量	题项数目	Cronbach's α系数	信度等级
SS	4	0.821	高
MS	3	0.859	高
GTT	4	0.849	高
PT	4	0.825	高
BSS	15	0.894	高
TMS	2	0.701	中等
AS	3	0.851	高
AL	3	0.809	高
ASC	3	0.753	较高
AC	9	0.872	高
IE	3	0.812	高
VE	3	0.824	高
SR	3	0.857	高
CE	9	0.888	高

资料来源：作者整理而得。

2. 正式样本数据的效度分析

本书所选取跨界搜寻、吸收能力、高层管理者支持及公司创业的可测变量是在参考国内外文献的基础上，考虑了我国企业的实际经营情况，并在预测试样本数据调研之后作出的修正，因而本书问卷的内容效度较好。

4.4.5 正式样本数据的验证性因子分析

1. 验证性因子分析的评价标准

对验证性因子模型进行效度评价时，本书采用组合信度 CR 值和平均变异萃取量（AVE）进行评价，其中，CR 值高于 0.6，AVE 高于 0.5，表明变量具有较高的效度。

2. 跨界搜寻的验证性因子分析

（1）跨界搜寻因子模型设定。

需要说明的是，在预测试样本之后，市场驱动型跨界搜寻已分别删除了题项 MS1 和 MS2 形成了正式样本问卷。为保持题项编码的连续性，本书将题项 MS3、MS4、MS5，分别编码成 MS1、MS2、MS3，即现有的 MS1 对应原 MS3 的题项内容，现有的 MS2 对应原 MS4 的题项内容，现有的 MS3 对应原 MS5 的题项内容。

跨界搜寻由科技驱动型跨界搜寻、市场驱动型跨界搜寻、共性技术导向跨界搜寻和产品技术导向跨界搜寻四个潜在变量构成，其中科技驱动型跨界搜寻对应 SS1、SS2、SS3 和 SS4 四个测量指标、市场驱动型跨界搜寻对应 MS1、MS2 和 MS3 三个测量题项、共性技术导向跨界搜寻对应 GT1、GT2、GT3 和 GT4 四个测量指标、产品技术导向跨界搜寻由 PT1、PT2、PT3 和 PT4 四个题项测量得出（见图 4-1）。

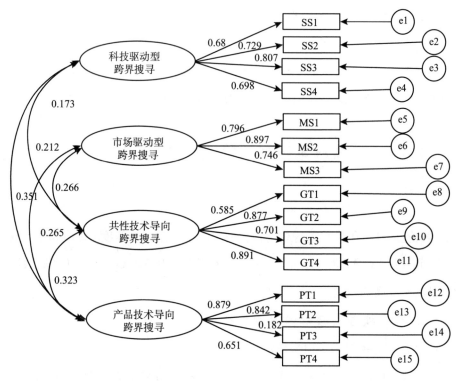

图 4 - 1 跨界搜寻的验证性因子模型结构

（2）跨界搜寻模型参数估计。

把模型进行 MI > 5 调整后的估计结果如表 4 - 20 所示，科技驱动型跨界搜寻的 4 个测量题项的标准化系数均在 0.60 ~ 0.90，它们对应的非标准化系数 t 值均通过了参数的显著性检验。科技驱动型跨界搜寻的建构信度和平均变异萃取值分别为 0.829 和 0.539。市场驱动型跨界搜寻的 3 个测量题项的标准化系数均在 0.70 ~ 0.90，它们对应的非标准化系数 t 值均通过了参数的显著性检验。科技驱动型跨界搜寻的组合信度 CR 值为 0.855，平均变异萃取值是 0.664。共性技术导向跨界搜寻的 4 个测量题项的标准化系数在 0.500 ~ 0.900，它们对应的非标准化系数 t 值均通过了参数的显著性检验；其组合信度 CR 值为 0.868，平均变异萃取值为 0.651。产品技术导向跨界搜寻中除了 PT3 的标准化系数外，其余 3 个测量题项的标准化系数在 0.600 ~ 0.900，它们对应的非标准化系数 t 值均通过了参数的显著性检验；其组合信度 CR 值为 0.662，平均变异萃取值为 0.521。

表 4 - 20 　　　　　　　　　跨界搜寻验证性因子分析模型统计量

潜变量	测量题项	标准化系数	t 值	组合信度 CR 值	平均变异 萃取值
科技驱动型 跨界搜寻	SS1	0.680	—	0.829	0.539
	SS2	0.729	10.007		
	SS3	0.807	10.829		
	SS4	0.698	8.988		
市场驱动型 跨界搜寻	MS1	0.796		0.855	0.664
	MS2	0.897	15.012		
	MS3	0.746	13.267		
共性技术导向 跨界搜寻	GT1	0.585	—	0.868	0.651
	GT2	0.877	10.473		
	GT3	0.701	10.625		
	GT4	0.891	9.997		
产品技术导向 跨界搜寻	PT1	0.879	—	0.662	0.521
	PT2	0.842	16.078		
	PT3	0.182	1.630		
	PT4	0.651	11.777		

资料来源：作者整理而得。

（3）跨界搜寻模型的检验。

从表 4 - 21 中可以看出，跨界搜寻的验证性因子模型中，除了 RMR 与 RMSEA 符合模型拟合较好的标准外，GFI、NFI、IFI、CFI、AIC 和卡方自由度比均拟合很好，验证得出，跨界搜寻因子模型的整体拟合效果很好。

表 4 – 21 跨界搜寻的验证性因子模型检验统计量

检验统计量		值	拟合结果
绝对拟合指数	χ^2	139.781	模型拟合较好
	GFI	0.939	模型拟合很好
	RMR	0.060	模型拟合较好
	RMSEA	0.072	模型拟合较好
相对拟合指数	NFI	0.944	模型拟合很好
	IFI	0.966	模型拟合很好
	CFI	0.965	模型拟合很好
信息指数	AIC	7461.244	小于饱和模型和独立模型
	卡方自由度比	2.452	模型拟合很好

资料来源：作者整理而得。

（4）跨界搜寻因子模型的信度与效度分析。

从表 4 – 20 能够看出，除了产品技术导向跨界搜寻外，构成跨界搜寻的其余 3 个潜变量科技驱动型跨界搜寻、市场驱动型跨界搜寻和共性技术导向跨界搜寻的组合信度 CR 值均在 0.8 以上，表明跨界搜寻因子模型的信度较高。科技驱动型跨界搜寻、市场驱动型跨界搜寻、共性技术导向跨界搜寻和产品技术导向跨界搜寻及其题项之间的非标准化路径系数均表现出统计显著的特性，平均变异萃取值（AVE）均在 0.5 以上，表明科技驱动型跨界搜寻、市场驱动型跨界搜寻、共性技术导向跨界搜寻和产品技术导向跨界搜寻均具有收敛效度。

根据检验结果，跨界搜寻的验证性因子分析很好地解释了前面得到的 EFA 结果。跨界搜寻的 15 个题项收敛于 4 个因子，CFA 模型具有很好的拟合效果，由此表明了，本书使用 4 个因子 15 个题项衡量跨界搜寻的可靠性较高。

3. 吸收能力的验证性因子分析

（1）吸收能力因子模型设定。

吸收能力变量由知识评估能力、知识同化能力和知识应用能力构成，其中，知识评估能力对应 AS1、AS2 及 AS3 3 个测量题项，知识同化能力对应 AL1、AL2 和 AL3，知识应用能力由 ASC1、ASC2 和 ASC3 测量得到（见图 4 - 2）。

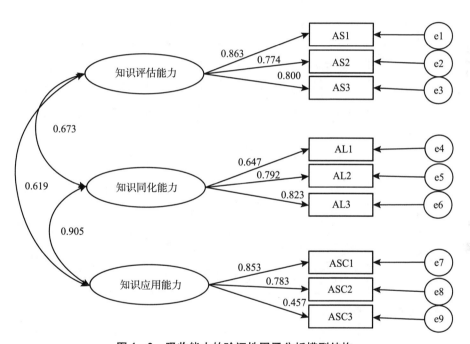

图 4 - 2　吸收能力的验证性因子分析模型结构

资料来源：作者整理而得。

（2）吸收能力模型参数估计。

从表 4 - 22 可知，知识评估能力的测量题项的标准化系数均在 0.700 以上，其题项对应的非标准化系数 t 值均通过了显著性检验。知识评估能力的组合信度 CR 值为 0.867，平均变异萃取值是 0.666。知识同化能力的测量题项的标准化系数分别为 0.647、0.792 和 0.823，这些题项对应的非标准化系数 t 值均通过了显著性检验。知识同化能力的组合信度 CR 值为 0.785，平均变异萃取值为 0.577。知识应用能力中，测量题项 ASC1 和 ASC2 的标准化系数均在 0.700 ~ 0.900，ASC3 的标准化系数在 0.457，题项所对应的非标准化系数 t 值均通过了显著性检验。知识应用能力的组合信度 CR 值为 0.713，平均变异萃取值为 0.500。

表 4 - 22 吸收能力验证性因子分析模型统计量

潜变量	测量题项	标准化系数	t 值	组合信度 CR 值	平均变异萃取值
知识评估能力	AS1	0.863	—	0.867	0.666
	AS2	0.774	10.385		
	AS3	0.800	9.254		
知识同化能力	AL1	0.647	—	0.785	0.577
	AL2	0.792	11.148		
	AL3	0.823	7.998		
知识应用能力	ASC1	0.853	—	0.713	0.500
	ASC2	0.783	11.246		
	ASC3	0.457	5.476		

资料来源：作者整理而得。

（3）吸收能力模型的检验。

从表 4 - 23 中可以看出，吸收能力的验证性因子模型的 GFI、RMR、NFI、IFI、CFI 和 AIC 的模型拟合效果均很好，绝对拟合指数 RMSEA 和信息指数卡方自由度比的拟合效果良好，因此吸收能力模型的整体拟合效果符合很好的标准。

表 4 – 23　　　　　　　吸收能力的验证性因子模型检验统计量表

检验统计量		值	拟合结果
绝对拟合指数	χ^2	25.852	模型拟合很好
	GFI	0.980	模型拟合很好
	RMR	0.022	模型拟合很好
	RMSEA	0.090	模型拟合良好
相对拟合指数	NFI	0.980	模型拟合很好
	IFI	0.986	模型拟合很好
	CFI	0.986	模型拟合很好
信息指数	AIC	4880.520	小于饱和模型和独立模型
	卡方自由度比	3.232	模型拟合良好

资料来源：作者整理而得。

（4）吸收能力因子模型的信度和效度分析。

根据表 4 – 22，吸收能力的三个潜变量知识评估能力、知识同化能力和知识应用能力的组合信度 CR 值基本都在 0.700 以上，知识评估能力、知识同化能力和知识应用能力的内部一致性较好，表明吸收能力因子模型具有较高的信度。知识评估能力、知识同化能力和知识应用能力和对应的测量题项之间的非标准化路径系数均统计显著，AVE 值均在 0.500 及以上，表明知识评估能力、知识同化能力和知识应用能力具有收敛效度。

从检验结果来看，吸收能力的验证性因子分析较好地解释了本书的 EFA 结果。9 个题项收敛于 3 个因子，并且 CFA 模型具有较好的拟合效果，本书使用 3 个因子 9 个题项测量吸收能力的可靠性是比较高的。

4. 高层管理者支持的验证性因子分析

由于高层管理者支持是单维度变量，有 2 个测量指标，无法作验证性因子分析，但从两测量题项的信度和效度分析结果看，本书使用这 2 个题项测量 TMS 还是比较可靠的。

5. 公司创业的验证性因子分析

（1）公司创业因子模型设定。

公司创业由创新、风险承担和战略更新 3 个潜在变量构成，3 个潜变量分别对应有 3 个测量题项（见图 4 - 3）。在此说明的是，在预测试样本后，创新变量已删除了题项 IE3 形成了正式样本问卷。为保持题项编码的连续性，本书将题项 IE4 编码成 IE3，即现有的 IE3 对应原 IE4 的题项内容。

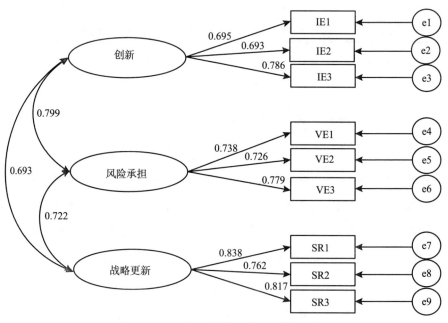

图 4 - 3　公司创业的验证性因子模型结构

资料来源：作者整理而得。

（2）公司创业模型参数估计。

本书对公司创业因子模型进行估计的结果如表 4 - 24 所示。创新的 3 个可测题项的标准化系数分别为 0.695、0.693 和 0.786，相对应的非标准化系数 t 值均通过了显著性检验。创新的组合信度 CR 值为 0.734，其平均变异萃取值为 0.532。风险承担的 3 个可测题项的标准化系数在 0.7 以上，题项对应的非标准化系数 t 值均通过了显著性检验。风险承担的组合信度 CR 值为 0.756，平均变异萃取值是 0.559。战略更新的 3 个可测题项的标准化系数在 0.700 以上，题项对应的非标准化系数 t 值均通过了显著性检验。战略更新的组合信度 CR 值为 0.833，平均变异萃取值为 0.653。

表 4 - 24　　　　　　　　公司创业验证性因子分析模型统计量

潜变量	测量题项	标准化系数	t 值	组合信度 CR 值	平均变异萃取值
创新	IE1	0.695	—	0.734	0.532
	IE2	0.693	10.157		
	IE3	0.786	9.095		
风险承担	VE1	0.738	—	0.756	0.559
	VE2	0.726	9.022		
	VE3	0.779	9.109		
战略更新	SR1	0.838	—	0.833	0.653
	SR2	0.762	12.303		
	SR3	0.817	10.756		

资料来源：作者整理而得。

（3）公司创业模型的检验。

从表 4 - 25 中可以看出，公司创业模型拟合结果中，除了 RMSEA 符合模型拟合较好的标准外，GFI、RMR、NFI、IFI、CFI、AIC 和卡方自由度比均符合模型拟合很好的检验标准，因此公司创业验证性因子模型的拟合效果很好。

表4－25　　　　　　　　　　公司创业的验证性因子模型检验统计量

检验统计量		值	拟合结果
绝对拟合指数	χ^2	31.183	模型拟合很好
	GFI	0.976	模型拟合很好
	RMR	0.027	模型拟合很好
	RMSEA	0.081	模型拟合较好
相对拟合指数	NFI	0.978	模型拟合很好
	IFI	0.986	模型拟合很好
	CFI	0.985	模型拟合很好
信息指数	AIC	5216.026	小于饱和模型和独立模型
	卡方自由度	2.835	模型拟合很好

资料来源：作者整理而得。

（4）公司创业因子模型的信度评价和效度评价。

从表4－24可以看出，构成公司创业的3个潜变量创新、风险承担和战略更新的组合信度CR值基本都在0.700以上，创新、风险承担和战略更新的测量的内部一致性均较好，验证了公司创业因子模型具有较高的信度。创新、风险承担和战略更新及其可测题项之间的非标准化路径系数均统计显著，且对应的AVE值均高于0.5，表明创新、风险承担和战略更新具有收敛效度。

根据检验结果，公司创业的验证性因子分析能够较好地解释探索性因子分析的结果。并且9个题项收敛于3个因子，CFA模型具有较好的拟合效果，本书使用创新、风险承担和战略更新这3个因子9个题项测量公司创业具有较高的可靠性。

第 5 章
研究假设的检验

本书在这一章将对第 3 章所提出的研究假设进行检验。本书使用 SPSS20.0 统计软件分别建立回归模型检验跨界搜寻及各维度和公司创业、跨界搜寻及各维度和吸收能力、吸收能力及各维度和公司创业之间的假设关系；本书使用 Mplus7.0 统计分析软件使用结构方程模型检验吸收能力在跨界搜寻和公司创业之间的中介作用，以及高层管理者支持分别在跨界搜寻与公司创业之间、吸收能力与公司创业之间的调节作用。

5.1　跨界搜寻与公司创业之间的关系检验

5.1.1　跨界搜寻和公司创业之间关系的假设 H_1 检验

为检验跨界搜寻和公司创业之间的关系假设 H_1，本书以公司创业为因变量，以跨界搜寻为自变量，以所有权性质、成立年限、地区、行业、发展阶段和现有员工数为控制变量，建立回归模型，得到表 5-1 的检验结果。

表 5-1　　　　跨界搜寻和公司创业之间关系的检验结果

模型	系数	t 值	Sig.	共线性诊断	
				容许度	方差膨胀因子
常数	2.043	6.539	0.000	—	—
跨界搜寻（BSS）	0.574	11.394	0.000	0.844	1.184
所有权性质（Ownership）	-0.128	-2.230	0.027	0.655	1.527
成立年限（Duration-Time）	-0.030	-0.421	0.674	0.429	2.331
地区（Region）	-0.018	-0.363	0.717	0.858	1.165
行业（Industry）	-0.086	-1.690	0.092	0.831	1.204
发展阶段（Stage）	-0.069	-1.105	0.270	0.553	1.810
现有员工数（Employees）	0.082	1.393	0.165	0.617	1.620
R^2	0.423				
Adjusted R^2	0.408				
N	277				

资料来源：作者整理而得。

根据表 5-1，跨界搜寻（BSS）与公司创业（CE）之间的系数为 0.574，且通过了显著性检验，表明跨界搜寻与公司创业之间存在显著的正相关关系，跨界搜寻活动越多，越可能出现更多的公司创业。

同时也发现，存在跨界搜寻活动时，公司创业与企业现有员工数存在正相关关系。公司创业却与企业的所有权性质和行业呈现较为显著的负相关关系，说明公司创业与企业是国企还是民营，是属于高科技、传统制造还是服务业行业之间是有关系的。公司创业却与企业的成立年限、地区和发展阶段呈现出不显著的负相关关系。可能的解释是企业成立的时间越长、企业处于成熟期或转型期并不一定会促使企业有积极性开展公司创业活动。

从假设 H_1 检验结果来看，假设 H_1 获得支持。

5.1.2 跨界搜寻和公司创业关系的子假设检验

为检验4个子假设，本书以公司创业为因变量，并分别以科技驱动型跨界搜寻、市场驱动型跨界搜寻、共性技术导向跨界搜寻和产品技术导向跨界搜寻为自变量，控制有关企业的六个变量，分别建立回归模型，得到表5-2~表5-5的检验结果。

根据表5-2，科技驱动型跨界搜寻（SS）与公司创业（CE）之间的系数为0.422，且统计显著，表明科技驱动型跨界搜寻与公司创业之间存在显著的正相关关系，假设 H_{1-1} 得到验证。

表5-2　　科技驱动型跨界搜寻和公司创业之间关系的检验结果

模型	系数	t 值	Sig.	共线性诊断	
				容许度	方差膨胀因子
常数	3.186	10.443	0.000	—	—
科技驱动型跨界搜寻（SS）	0.422	7.565	0.000	0.845	1.184
所有权性质（Ownership）	-0.209	-3.351	0.001	0.676	1.478
成立年限（Duration-Time）	-0.067	-0.859	0.391	0.426	2.346
地区（Region）	-0.104	-1.918	0.056	0.884	1.131
行业（Industry）	-0.079	-1.369	0.172	0.782	1.279
发展阶段（Stage）	-0.033	-0.475	0.635	0.550	1.819
现有员工数（Employees）	0.084	1.288	0.199	0.615	1.626
R^2	0.294				
Adjusted R^2	0.276				
N	277				

资料来源：作者整理而得。

根据表5-3，市场驱动型跨界搜寻（MS）与公司创业（CE）之间的系数为0.448，且统计显著，表明市场驱动型跨界搜寻与公司创业之间存在显著的正相关关系，市场驱动型跨界搜寻活动越多，公司创业活动将会越多，假设 H_{1-2} 得到证实。并且发现，在企业的市场驱动型跨界搜寻活动中，公司创业与地区（region）之间呈现出正相关关系，在一定程度上表明了东部地区的公司创业会多于其他地区。

表5-3　　市场驱动型跨界搜寻和公司创业之间关系的检验结果

模型	系数	t 值	Sig.	共线性诊断	
				容许度	方差膨胀因子
常数	3.429	12.192	0.000	—	—
市场驱动型跨界搜寻（MS）	0.448	7.738	0.000	0.777	1.288
所有权性质（Ownership）	-0.212	-3.424	0.001	0.678	1.475
成立年限（Duration-Time）	-0.030	-0.385	0.700	0.429	2.332
地区（Region）	0.032	0.554	0.580	0.785	1.274
行业（Industry）	-0.278	-5.087	0.000	0.872	1.147
发展阶段（Stage）	-0.079	-1.145	0.253	0.552	1.810
现有员工数（Employees）	0.109	1.688	0.093	0.620	1.614
R^2	0.300				
Adjusted R^2	0.282				
N	277				

资料来源：作者整理而得。

根据表5-4，共性技术导向跨界搜寻（GTT）与公司创业（CE）之间的系数为0.465，且统计显著，表明共性技术导向跨界搜寻与公司创业之间存在显著的正相关关系，假设 H_{1-3} 获得支持。

表 5 – 4　　共性技术导向跨界搜寻和公司创业之间关系的检验结果

模型	系数	t 值	Sig.	共线性诊断	
				容许度	方差膨胀因子
常数	3.026	10.207	0.000	—	—
共性技术导向跨界搜寻（GTT）	0.465	8.615	0.000	0.855	1.169
所有权性质（Ownership）	-0.124	-1.985	0.048	0.636	1.572
成立年限（Duration – Time）	-0.018	-0.234	0.815	0.429	2.331
地区（Region）	-0.056	-1.040	0.299	0.869	1.151
行业（Industry）	-0.149	-2.756	0.006	0.858	1.166
发展阶段（Stage）	-0.082	-1.225	0.222	0.552	1.811
现有员工数（Employees）	0.122	1.926	0.055	0.621	1.611
R^2	0.329				
Adjusted R^2	0.312				
N	277				

资料来源：作者整理而得。

　　根据表 5 – 5，产品技术导向跨界搜寻（PT）与公司创业（CE）之间的系数为 0.436，且统计显著，表明产品技术导向跨界搜寻与公司创业之间存在显著的正相关关系，产品技术导向跨界搜寻越多，越有利于企业实现更多的公司创业活动，假设 H_{1-4} 获得验证。而且发现，企业的产品技术导向跨界搜寻中，公司创业与企业成立的年限呈现正相关关系，公司创业将会受到企业成立时间长短的影响。

表 5 – 5　　产品技术导向跨界搜寻和公司创业之间关系的检验结果

模型	系数	t 值	Sig.	共线性诊断	
				容许度	方差膨胀因子
常数	2.994	9.507	0.000	—	—

续表

模型	系数	t 值	Sig.	共线性诊断	
				容许度	方差膨胀因子
产品技术导向跨界搜寻（PT）	0.436	7.891	0.000	0.845	1.184
所有权性质（Ownership）	−0.208	−3.367	0.001	0.677	1.477
成立年限（Duration – Time）	0.016	0.201	0.841	0.428	2.339
地区（Region）	−0.123	−2.273	0.024	0.885	1.130
行业（Industry）	−0.057	−0.983	0.326	0.762	1.313
发展阶段（Stage）	−0.083	−1.212	0.226	0.552	1.811
现有员工数（Employees）	0.095	1.476	0.141	0.618	1.619
R^2	0.305				
Adjusted R^2	0.287				
N	277				

资料来源：作者整理而得。

5.2　跨界搜寻与吸收能力之间的关系检验

5.2.1　跨界搜寻和吸收能力关系的假设 H_2 检验

为检验跨界搜寻和吸收能力之间的关系假设 H_2，本书以吸收能力为因变量，以跨界搜寻为自变量，并控制了与企业有关的六个变量，建立回归模型，得到表 5-6 的检验结果。

表 5 - 6　　　　　　　　跨界搜寻和吸收能力之间关系的检验结果

模型	系数	t 值	Sig.	共线性诊断	
				容许度	方差膨胀因子
常数	2.385	8.110	0.000	—	—
跨界搜寻（BSS）	0.541	10.122	0.000	0.844	1.184
所有权性质（Ownership）	-0.062	-1.029	0.304	0.657	1.527
成立年限（Duration - Time）	0.104	1.382	0.168	0.429	2.331
地区（Region）	0.009	0.177	0.860	0.858	1.165
行业（Industry）	-0.161	-2.984	0.003	0.831	1.204
发展阶段（Stage）	-0.092	-1.401	0.162	0.553	1.810
现有员工数（Employees）	-0.124	-1.984	0.048	0.617	1.620
R^2	0.352				
Adjusted R^2	0.335				
N	277				

资料来源：作者整理而得。

根据表 5 - 6，跨界搜寻（BSS）与吸收能力（AC）之间的系数为 0.541，且统计上是显著的，表明跨界搜寻与吸收能力之间存在显著的正相关关系，跨界搜寻活动越多，越有助于企业吸收能力的提高，H₂得到验证。

研究还发现，当企业存在跨界搜寻活动时，企业的吸收能力与企业成立的年限和地区存在正相关关系，可能在一定程度上说明了，企业成立的时间越长，其吸收能力会越强，企业所处的地区不同，吸收能力也存在差异。

5.2.2　跨界搜寻和吸收能力关系的子假设检验

为检验 4 个子假设，本书以吸收能力为因变量，并分别以科技驱动型跨界搜寻、市场驱动型跨界搜寻、共性技术导向跨界搜寻和产品技术导向跨界搜寻为自变量，控制有关企业的六个变量，分别建立回归模型，得到表 5 - 7 ~ 表 5 - 10 的检验结果。

根据表 5 - 7，科技驱动型跨界搜寻（SS）与吸收能力（AC）之间的系数为 0.398，且通过了显著性检验，表明科技驱动型跨界搜寻与吸收能力之间存在显著的正相关关系，假设 H_{2-1} 得到验证。并且在科技驱动型跨界搜寻条件下，吸收能力会受到企业成立年限的影响。

表 5 - 7　　科技驱动型跨界搜寻和吸收能力之间关系的检验结果

模型	系数	t 值	Sig.	共线性诊断	
				容许度	方差膨胀因子
常数	3.339	11.859	0.000	—	—
科技驱动型跨界搜寻（SS）	0.398	6.867	0.000	0.845	1.184
所有权性质（Ownership）	-0.139	-2.143	0.033	0.676	1.478
成立年限（Duration - Time）	0.068	0.836	0.404	0.426	2.346
地区（Region）	-0.072	-1.270	0.205	0.884	1.131
行业（Industry）	-0.154	-2.564	0.011	0.782	1.279
发展阶段（Stage）	-0.058	-0.815	0.416	0.550	1.819
现有员工数（Employees）	-0.122	-1.800	0.073	0.615	1.626
R^2	0.239				
Adjusted R^2	0.219				
N	277				

资料来源：作者整理而得。

根据表 5 - 8，市场驱动型跨界搜寻（MS）与吸收能力（AC）之间的系数为 0.366，且通过了显著性检验，表明市场驱动型跨界搜寻与吸收能力之间存在显著的正相关关系，假设 H_{2-2} 得到支持。

表 5 - 8　　市场驱动型跨界搜寻和吸收能力之间关系的检验结果

模型	系数	t 值	Sig.	共线性诊断	
				容许度	方差膨胀因子
常数	3.688	13.890	0.000	—	—
市场驱动型跨界搜寻（MS）	0.366	5.957	0.000	0.777	1.288
所有权性质（Ownership）	-0.150	-2.274	0.024	0.678	1.475
成立年限（Duration - Time）	0.105	1.264	0.207	0.429	2.332
地区（Region）	0.038	0.621	0.535	0.785	1.274
行业（Industry）	-0.335	-5.776	0.000	0.872	1.147
发展阶段（Stage）	-0.101	-1.379	0.169	0.552	1.810
现有员工数（Employees）	-0.095	-1.386	0.167	0.620	1.614
R^2	0.209				
Adjusted R^2	0.189				
N	277				

资料来源：作者整理而得。

根据表 5 - 9，共性技术导向跨界搜寻（GTT）与吸收能力（AC）之间的系数为 0.467，且通过了显著性检验，表明共性技术导向跨界搜寻与吸收能力之间存在显著的正相关关系，假设 H_{2-3} 得到支持。

表 5 - 9　　共性技术导向跨界搜寻和吸收能力之间关系的检验结果

模型	系数	t 值	Sig.	共线性诊断	
				容许度	方差膨胀因子
常数	3.110	11.492	0.000	—	—
共性技术导向跨界搜寻（GTT）	0.467	8.426	0.000	0.855	1.169
所有权性质（Ownership）	-0.050	-0.772	0.441	0.636	1.572
成立年限（Duration - Time）	0.115	1.468	0.143	0.429	2.331

续表

模型	系数	t 值	Sig.	共线性诊断	
				容许度	方差膨胀因子
地区（Region）	0.022	0.400	0.689	0.869	1.151
行业（Industry）	−0.215	−3.875	0.000	0.858	1.166
发展阶段（Stage）	−0.106	−1.535	0.126	0.552	1.811
现有员工数（Employees）	−0.087	−1.335	0.183	0.621	1.611
R^2	0.292				
Adjusted R^2	0.274				
N	277				

资料来源：作者整理而得。

研究发现，在企业的市场驱动型跨界搜寻与共性技术导向跨界搜寻活动中，吸收能力与企业成立年限和地区之间均呈现正相关关系，表明了吸收能力的高低会因企业成立年限和企业所处地区的不同而产生差异。

根据表 5 - 10，产品技术导向跨界搜寻（PT）与吸收能力（AC）之间的系数为 0.437，且统计显著，表明产品技术导向跨界搜寻与吸收能力之间存在显著的正相关关系，假设 H_{2-4} 获得验证。研究发现，在企业的产品技术导向跨界搜寻活动中，吸收能力与企业成立年限呈现正相关，说明吸收能力的高低会受到企业成立年限的影响。

表 5 - 10　　产品技术导向跨界搜寻和吸收能力之间关系的检验结果

模型	系数	t 值	Sig.	共线性诊断	
				容许度	方差膨胀因子
常数	3.085	10.736	0.000	—	—
产品技术导向跨界搜寻（PT）	0.437	7.697	0.000	0.845	1.184
所有权性质（Ownership）	−0.134	−2.112	0.036	0.677	1.477

续表

模型	系数	t 值	Sig.	共线性诊断	
				容许度	方差膨胀因子
成立年限 （Duration - Time）	0.148	1.860	0.064	0.428	2.339
地区 （Region）	-0.089	-1.612	0.108	0.885	1.130
行业 （Industry）	-0.123	-2.061	0.0406	0.762	1.313
发展阶段 （Stage）	-0.107	-1.516	0.131	0.552	1.811
现有员工数 （Employees）	-0.114	-1.710	0.088	0.618	1.619
R^2	0.267				
Adjusted R^2	0.248				
N	277				

资料来源：作者整理而得。

5.3 吸收能力与公司创业之间的关系检验

5.3.1 吸收能力和公司创业关系假设 H_3 检验

为检验吸收能力和公司创业之间的关系假设 H_3，本书以公司创业为因变量，以吸收能力为自变量，以所有权性质、成立年限、地区、行业、发展阶段和现有员工数为控制变量，建立回归模型，得到表 5 - 11 的检验结果。

根据表 5 - 11，吸收能力（AC）与公司创业（CE）之间的系数为 0.467，且统计著性，表明吸收能力与公司创业之间存在显著的正相关关系，企业的吸收能力越强，越可能产生公司创业活动，假设 H_3 得到验证。

表 5–11　　　　　　　　吸收能力和公司创业之间关系的检验结果

模型	系数	t 值	Sig.	共线性诊断	
				容许度	方差膨胀因子
常数	2. 304	6. 589	0. 000	—	—
吸收能力（AC）	0. 467	8. 921	0. 000	0. 895	1. 118
所有权性质（Ownership）	−0. 181	−2. 988	0. 003	0. 669	1. 494
成立年限（Duration – Time）	−0. 072	−0. 955	0. 341	0. 426	2. 345
地区（Region）	−0. 079	−1. 485	0. 139	0. 879	1. 133
行业（Industry）	−0. 091	−1. 651	0. 100	0. 814	1. 228
发展阶段（Stage）	−0. 026	−0. 390	0. 697	0. 550	1. 820
现有员工数（Employees）	0. 168	2. 667	0. 008	0. 618	1. 617
R^2	0. 339				
Adjusted R^2	0. 322				
N	277				

资料来源：作者整理而得。

同时还发现，公司创业与企业现有员工数呈现比较显著的正相关关系，意味着当企业具有吸收能力时，企业现有员工数较多的企业往往会比现有员工数较少的企业实现更多的公司创业活动。

5.3.2　吸收能力和公司创业关系的子假设检验

为检验 3 个子假设，本书以公司创业为因变量，并分别以知识评估能力、知识同化能力和知识应用能力为自变量，控制有关企业的六个变量，分别建立回归模型，得到表 5 – 12 ~ 表 5 – 14 的检验结果。

根据表 5 – 12，知识评估能力（AS）与公司创业（CE）之间的系数为 0. 317，且统计显著，表明知识评估能力与公司创业之间具有显著的正相关关系，假设 H_{3-1} 获得验证。

表 5 - 12　　　　　知识评估能力和公司创业之间关系的检验结果

模型	系数	t 值	Sig.	共线性诊断	
				容许度	方差膨胀因子
常数	3.304	9.492	0.000	—	—
知识评估能力（AS）	0.317	5.605	0.000	0.889	1.125
所有权性质（Ownership）	-0.244	-3.784	0.000	0.685	1.460
成立年限（Duration - Time）	-0.050	-0.607	0.545	0.427	2.341
地区（Region）	-0.139	-2.447	0.015	0.881	1.134
行业（Industry）	-0.134	-2.254	0.025	0.812	1.232
发展阶段（Stage）	-0.047	-0.658	0.511	0.551	1.815
现有员工数（Employees）	0.166	2.441	0.015	0.616	1.623
R^2	0.234				
Adjusted R^2	0.214				
N	277				

资料来源：作者整理而得。

根据表 5 - 13，知识同化能力（AL）与公司创业（CE）之间的系数为 0.388，且统计显著，表明知识同化能力与公司创业之间具有显著的正相关关系，假设 H_{3-2} 获得支持。

表 5 - 13　　　　　知识同化能力和公司创业之间关系的检验结果

模型	系数	t 值	Sig.	共线性诊断	
				容许度	方差膨胀因子
常数	3.024	9.121	0.000	—	—
知识同化能力（AL）	0.388	7.136	0.000	0.904	1.106

续表

模型	系数	t 值	Sig.	共线性诊断	
				容许度	方差膨胀因子
所有权性质（Ownership）	−0.187	−2.940	0.004	0.664	1.506
成立年限（Duration-Time）	−0.064	−0.812	0.417	0.426	2.346
地区（Region）	−0.098	−1.773	0.077	0.883	1.133
行业（Industry）	−0.133	−2.354	0.019	0.835	1.198
发展阶段（Stage）	−0.010	−0.148	0.882	0.545	1.836
现有员工数（Employees）	0.152	2.312	0.022	0.620	1.614
R^2	0.280				
Adjusted R^2	0.262				
N	277				

资料来源：作者整理而得。

根据表5-14，知识应用能力（ASC）与公司创业（CE）之间的系数为0.446，且统计显著，表明知识应用能力与公司创业之间具有显著的正相关关系，假设H_{3-3}获得支持。

表5-14　　　　知识应用能力和公司创业之间关系的检验结果

模型	系数	t 值	Sig.	共线性诊断	
				容许度	方差膨胀因子
常数	2.927	9.509	0.000	—	—
知识应用能力（ASC）	0.446	8.454	0.000	0.905	1.105
所有权性质（Ownership）	−0.198	−3.239	0.001	0.675	1.482
成立年限（Duration-Time）	−0.053	−0.686	0.493	0.428	2.337
地区（Region）	−0.025	−0.461	0.645	0.849	1.178
行业（Industry）	−0.141	−2.587	0.010	0.852	1.174

续表

模型	系数	t 值	Sig.	共线性诊断	
				容许度	方差膨胀因子
发展阶段（Stage）	− 0.063	− 0.937	0.350	0.552	1.810
现有员工数（Employees）	0.149	2.339	0.020	0.620	1.612
R^2	0.324				
Adjusted R^2	0.306				
N	277				

资料来源：作者整理而得。

共线性的判断准则：如果容许度≤0.1 或方差膨胀因子≥10，说明自变量间存在严重共线性情况。表 5 – 1 ~ 表 5 – 14 中共线性诊断的结果显示，14 个模型中的容许度（tolerance）均大于 0.1，方差膨胀因子（VIF）均远小于 10，表明这些模型中不存在严重的多重共线性问题。

5.4　吸收能力在跨界搜寻与公司创业之间的中介作用检验

本书根据第 3 章所提出的研究假设，对吸收能力在跨界搜寻和公司创业之间关系的假设进行实证检验。关于吸收能力在跨界搜寻与公司创业关系中的中介效应如图 5 – 1 和表 5 – 15 所示。

根据表 5 – 15，"跨界搜寻→吸收能力"的路径系数是 0.506，且具有显著性（p < 0.001）；"跨界搜寻→公司创业"的路径系数是 − 0.046，且统计不显著（p 为 0.311）；"吸收能力→公司创业"的路径系数是 0.532，且

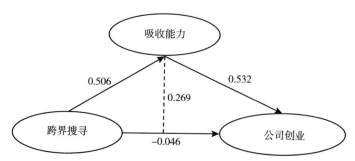

图 5 – 1 吸收能力在跨界搜寻与公司创业关系中的中介作用

资料来源：作者整理而得。

具有显著性（p < 0.001）。跨界搜寻与公司创业之间关系的直接效应是 – 0.046，且统计不显著，间接效应是 0.269，总效应是 0.223。检验结果表明，吸收能力在跨界搜寻与公司创业关系之间起完全的中介作用，跨界搜寻是通过吸收能力而影响公司创业的。

表 5 – 15   吸收能力中介效应的检验结果

模型	估计	标准误	t 值	P 值
截距				
公司创业（CE）	1.949	0.198	9.830	0.000
吸收能力（AC）	2.018	0.174	11.572	0.000
跨界搜寻（BSS）→吸收能力（AC）	0.506	0.047	10.733	0.000
跨界搜寻（BSS）→公司创业（CE）	– 0.046	0.045	– 1.014	0.311
吸收能力（AC）→公司创业（CE）	0.532	0.054	9.826	0.000

续表

模型	估计	标准误	t 值	P 值
残差				
公司创业（CE）	0.452	0.052	8.696	0.000
吸收能力（AC）	0.537	0.046	11.554	0.000
跨界搜寻（BSS）	估计	标准误	t 值	P 值
→公司创业 （CE）的效应				
总效应	0.223	0.046	4.801	0.000
总间接效应	0.269	0.035	7.778	0.000
具体间接效应	估计	标准误	t 值	P 值
跨界搜寻（BSS）	0.269	0.035	7.778	0.000
直接效应	估计	标准误	t 值	P 值
跨界搜寻（BSS）	-0.046	0.045	-1.014	0.311

资料来源：作者整理而得。

表 5－16 显示，吸收能力中介模型拟合数据的卡方为 0，自由度为 0，为饱和模型。绝对拟合指数、相对拟合指数和信息指数均表明，模型拟合效果很好。

表 5－16　　　　　　　　　吸收能力中介效应的拟合检验

检验统计量		值	拟合结果
绝对拟合指数	χ^2	0	模型拟合很好
	SRMR	0	模型拟合很好
	RMSEA	0	模型拟合很好
相对拟合指数	TLI	1	模型拟合很好
	CFI	1	模型拟合很好

续表

检验统计量		值	拟合结果
信息指数	AIC	1193.906	小于饱和模型和独立模型
	卡方自由度比	0	模型拟合很好

本书将公司创业作为因变量，跨界搜寻和吸收能力作为自变量建立多元回归模型进行共线性诊断得到，模型的容许度（tolerance）为0.690；模型的方差膨胀因子（VIF）均为1.450。检验结果表明，模型中不存在严重共线性问题。

本书检验结果证实，吸收能力起完全的中介作用，跨界搜寻对公司创业的影响是通过吸收能力的中介作用间接实现的，并且吸收能力在跨界搜寻与公司创业之间的关系中起到完全的中介效应，假设 H_4 获得支持。

5.5 高层管理者支持在跨界搜寻与公司创业之间的调节作用检验

本书对高层管理者支持在跨界搜寻和公司创业之间关系的假设5进行实证检验，得到表5-17的估计结果。

根据表5-17，跨界搜寻（BSS）的估计系数是-0.357，在10%的水平下通过参数的显著性检验。高层管理者支持（TMS）的估计系数是0.295，在10%的水平下通过显著性检验。跨界搜寻×高层管理者支持（BSS×TMS）的估计系数是0.081，在10%显著性水平下通过检验。

表 5 – 17　　高层管理者支持在跨界搜寻与公司创业之间调节效应的检验结果

变量	系数	标准误	t 值	P 值
截距	1.669	0.219	7.616	0.000
跨界搜寻（BSS）	−0.357	0.193	−1.854	0.064
高层管理者支持（TMS）	0.295	0.152	1.942	0.052
跨界搜寻×高层管理者支持（BSS×TMS）	0.081	0.049	1.676	0.094

资料来源：作者整理而得。

根据估计结果，本书构建了如图 5 – 2 所示的调节效应图。可以看出，高层管理者支持在跨界搜寻与公司创业之间的关系中起负向调节作用，与不存在高层管理者支持的企业相比，存在高层管理者支持的企业跨界搜寻对公司创业的负面影响更强。换句话说，高层管理者支持负向调节了跨界搜寻与公司创业之间的关系。

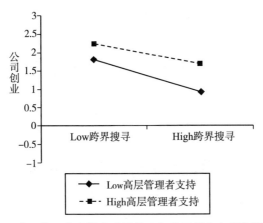

图 5 – 2　高层管理者支持在跨界搜寻与公司创业之间的调节效应

资料来源：作者整理而得。

从表 5-18 可以看出，高层管理者支持调节效应模型的绝对拟合指数、相对拟合指数和信息指数均表明，模型整体拟合效果很好。

表 5-18　　　　TMS 在跨界搜寻与公司创业之间调节效应的拟合检验

检验统计量		值	拟合结果
绝对拟合指数	χ^2	0	模型拟合很好
	SRMR	0	模型拟合很好
	RMSEA	0	模型拟合很好
相对拟合指数	TLI	1	模型拟合很好
	CFI	1	模型拟合很好
信息指数	AIC	573.389	小于饱和模型和独立模型
	卡方自由度比	0	模型拟合很好

资料来源：作者整理而得。

本书将公司创业作为因变量，将跨界搜寻和高层管理者支持作为自变量，建立回归模型，多重共线性检验得到，跨界搜寻和高层管理者支持的方差膨胀因子均是 0.801，容许度均为 1.249，表明模型中不存在严重的多重共线性问题。

本书研究发现，高层管理者支持在跨界搜寻和公司创业之间起到的调节作用是负向的，假设 H_5 未能获得验证。

5.6　高层管理者支持在吸收能力与公司创业之间的调节作用检验

本书对高层管理者支持在吸收能力和公司创业之间关系的 H_6 进行实证检验，得到表 5-19 的估计结果。

表 5 - 19　　　　TMS 在吸收能力与公司创业之间调节效应的检验结果

变量	系数	标准误	t 值	P 值
截距	2.073	0.329	6.293	0.000
吸收能力（AC）	-0.417	0.224	-1.859	0.063
高层管理者支持（TMS）	0.320	0.164	1.951	0.051
吸收能力×高层管理者支持（AC×TMS）	0.554	0.330	1.680	0.093

资料来源：作者整理而得。

　　根据表 5 - 19，吸收能力（AC）的估计系数是 - 0.417，在 10% 的水平下通过参数的显著性检验。高层管理者支持（TMS）的估计系数是 0.320，在 10% 的水平下通过参数的显著性检验。吸收能力×高层管理者支持（AC×TMS）的估计系数是 0.554，在 10% 的水平下通过参数的显著性检验。

　　根据调节模型估计结果，本书构建了如图 5 - 3 所示的调节效应图。本书研究发现，高层管理者的支持在吸收能力与公司创业之间的关系中起较为

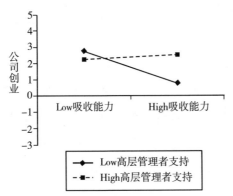

图 5 - 3　高层管理者支持在吸收能力与公司创业之间的调节效应

资料来源：作者整理而得。

显著的调节作用，高层管理者支持度高会增强吸收能力与公司创业之间的关系，高管理者支持度低会消弱吸收能力与公司创业之间的关系，换句话说，吸收能力对公司创业的正向影响在高层管理者高支持度中更为强烈。

高层管理者支持调节效应模型的拟合检验统计量如表5－20所示。

从表5－20可以看出，高层管理者支持调节效应模型的绝对拟合指数、相对拟合指数和信息指数均表明，模型整体拟合效果很好。

表5－20　　　　TMS在吸收能力与公司创业之间调节效应的拟合检验

检验统计量		值	拟合结果
绝对拟合指数	χ^2	0	模型拟合很好
	SRMR	0	模型拟合很好
	RMSEA	0	模型拟合很好
相对拟合指数	TLI	1	模型拟合很好
	CFI	1	模型拟合很好
信息指数	AIC	573.388	小于饱和模型和独立模型
	卡方自由度比	0	模型拟合很好

资料来源：作者整理而得。

本书将公司创业作为因变量，将吸收能力和高层管理者支持作为自变量，建立回归模型，多重共线性检验得到，吸收能力和高层管理者支持的方差膨胀因子均是0.769，容许度均为1.300，表明模型中不存在严重的多重共线性问题。

根据检验结果，AC×TMS的系数较为显著，表明高层管理者支持在吸收能力和公司创业之间起到较为显著的调节作用，假设H_6获得验证。

5.7　稳健性检验

为了确认研究结论是否稳健，本书采用了结构方程模型方法对 3 个主效应研究假设及其子假设进行了检验，同时采用了多元回归方法对吸收能力的中介作用及高层管理者支持的两项调节作用分别进行了检验，该检验结论与本书上述的检验结果基本保持一致，表明了本书的研究结论是比较稳健的。

5.8　假设检验结果

本书的假设检验结果汇总如表 5 – 21 所示。

表 5 – 21　　　　　　　　　　本书的假设检验结果

假设编号	假设内容	检验结论
H_1	跨界搜寻与公司创业之间存在显著的正相关关系	成立
H_{1-1}	科技驱动型跨界搜寻越多，公司创业活动越多	成立
H_{1-2}	市场驱动型跨界搜寻越多，公司创业活动越多	成立
H_{1-3}	共性技术导向跨界搜寻越多，公司创业活动越多	成立
H_{1-4}	产品技术导向跨界搜寻越多，公司创业活动越多	成立
H_2	跨界搜寻与吸收能力之间存在显著的正相关关系	成立
H_{2-1}	科技驱动型跨界搜寻越多，吸收能力越强	成立
H_{2-2}	市场驱动型跨界搜寻越多，吸收能力越强	成立
H_{2-3}	共性技术导向跨界搜寻越多，吸收能力越强	成立
H_{2-4}	产品技术导向跨界搜寻越多，吸收能力越强	成立

续表

假设编号	假设内容	检验结论
H_3	吸收能力与公司创业之间存在显著的正相关关系	成立
H_{3-1}	知识评估能力越强，公司创业活动越多	成立
H_{3-2}	知识同化能力越强，公司创业活动越多	成立
H_{3-3}	知识应用能力越强，公司创业活动越多	成立
H_4	吸收能力在跨界搜寻与公司创业之间起着中介作用	成立
H_5	高层管理者支持在跨界搜寻与公司创业之间起显著的正向调节作用	不成立
H_6	高层管理者支持在吸收能力与公司创业之间起显著的正向调节作用	成立

资料来源：作者整理而得。

第 6 章
研究结论与展望

本章作为研究的总结部分，将对本书的研究做系统全面的总结和归纳，详细阐明本书的研究结论、实践启示，并指出研究的不足及未来展望。

■ 6.1 研究结论

在政府重视创新创业的环境下，企业如何有效利用跨界搜寻获取外部知识资源，通过吸收能力进而提升公司创业水平？这是一个具有重要理论价值和实践意义的研究课题。多数企业自身拥有的资源有限，常面临资源匮乏的困境，通过采用有目标、有重点的跨界搜寻策略获取所需的互补性与异质性知识资源，是企业实现公司创业的逻辑起点。企业通过对跨越组织边界与技术边界所搜寻获得的外部知识，通过企业具有的吸收能力，将外部新知识与内部已有知识进行整合利用，促进了企业内部的创新活动、风险承担活动和战略更新活动的实施，实现了公司创业的顺利开展，提高了企业绩效并增强了企业竞争力。

为此，本书以江苏、安徽、浙江等部分企业为研究对象，以组织搜寻理论、吸收能力理论和动态能力理论为理论基础，构建了企业的跨界搜寻、吸收能力与公司创业之间的理论模型，综合运用问卷调研、验证性因子分析、回归分析与结构方程模型方法等实证研究方法，对所构建的理论模型和研究假设进行检验，本书通过对研究假设的实证检验，得到如下研究结论。

（1）本书所收集的企业样本数据支持了跨界搜寻、吸收能力、高层管理者支持与公司创业的内涵和维度划分。本书在对预测试样本数据进行信度分析和探索性因子分析后，删除了个别题项后形成了正式的样本调研问卷。对正式样本数据的信度和效度分析、CFA 分析、回归分析和 SEM 分析的结果，验证了本书所构建的跨界搜寻、吸收能力、高层管理者支持和公司创业的内涵及维度划分。

（2）本书根据理论所构建的跨界搜寻、吸收能力和公司创业之间的理论模型和研究假设，实证结果基本支持了本书提出的研究假设。企业的跨界搜寻是公司创业的重要前因变量，是吸收能力的关键前因变量。跨界搜寻基于组织边界和技术边界，分别划分成科技驱动型跨界搜寻、市场驱动型跨界搜寻、共性技术跨界搜寻和产品技术跨界搜寻，跨界搜寻的不同维度对公司创业产生不同的影响作用，不同维度的跨界搜寻对吸收能力产生了差异化影响。本书实证得到，跨界搜寻所带来的异质性知识扩大了公司内部的知识库，为提升吸收能力和开展公司创业活动奠定了基础。本书检验结果表明，吸收能力是公司创业的重要前因变量，吸收能力的各维度分别对公司创业的维度产生了差异化的影响作用。

本书进一步研究发现，吸收能力在跨界搜寻和公司创业之间均起到完全的中介作用，吸收能力的中介效应实现的路径是：跨界搜寻→吸收能力→公司创业。

此外，本书通过探索捕捉到高层管理者支持在吸收能力与公司创业之间的关系中起到较为显著的正向调节效应，在跨界搜寻与公司创业之间起到微弱的负向调节作用。对于企业，存在高层管理者支持的企业跨界搜寻对公司创业的负面影响会强一些；在同等吸收能力水平下，高层管理者支持程度高的企业开展的公司创业活动要比低层管理者支持的企业多。

6.2　实践启示

本书的研究结论对我国企业具有以下实践启示。

1. 企业应当认识并重视跨界搜寻的重要作用

现实中的企业大多面临资源有限的困境，企业需要有效利用外部资源来弥补自身资源匮乏和能力弱势，以构建持续的竞争优势。为突破这种困境，一个关键也应当引起企业重视的发展路径就是认识到跨界搜寻的作用并充分利用跨界搜寻来获取丰富的异质性知识资源。跨界搜寻是跨越组织边界和技术边界进行广度和深度的有目标的知识搜寻，是程序化并具有可操作性的搜寻活动。通过跨界搜寻，企业不仅能够获取多样化、异质性的知识，构建知识库，还能够在搜寻的过程中开发潜在的市场、寻找新的合作伙伴，提升企业的竞争力。

假设 H_1 检验的是跨界搜寻和公司创业之间的关系，从假设检验的结果来看，假设 H_1 得到验证，表明企业跨界搜寻所获取的外部异质性知识越多，公司创业活动的能力越强，越有利于公司创业活动的开展，这一研究结论与扎赫拉和乔治（2002）、奥德瑞奇和凯尔巴赫（2007）、钱和阿克斯（2013）的观点具有一致性。这些研究均指出了企业能否开展公司创业活动，主要取决于企业及企业家对外接触外部新知识的程度。

然而，这些研究的不足之处在于未曾考虑跨界搜寻对公司创业的影响作用。基于对假设的理论拓展，本书分别从科技驱动型跨界搜寻、市场驱动型跨界搜寻、共性技术导向跨界搜寻和产品技术导向跨界搜寻四个方面来检验它们分别与公司创业之间的关系。

假设 H_{1-1} 检验科技驱动型跨界搜寻对公司创业的正向作用，验证了高校、研究机构等外部知识密集型知识源对企业的公司创业产生的影响机制。假设 H_{1-1} 获得支持，表明了科技驱动型跨界搜寻的外部知识越多，企业的创新能力、风险承担能力和战略更新能力就越强，公司创业活动就会越多。本书的实证研究表明，科技驱动型跨界搜寻对公司创业具有显著的正向影响，说明企业在开展公司创业活动的过程中，加强与高校、政府科技部门、科研机构等联系和合作很重要，如与高校开展联合人才培养、向政府科技部门咨询产业发展政策与趋势、向研究机构咨询技术趋势等通过多种渠道获取企业所需的外部知识。本书认为，科技型跨界搜寻为企业获取异质性资源困境提供了有效的途径，从而为公司创业活动开展提供知识基础。

假设 H_{1-2} 检验市场驱动型跨界搜寻对公司创业的正向作用，验证了供应商、竞争对手、行业协会/商会、产品展销会等外部知识源对企业的公司创业产生的影响机制（Lopez - Vega et al.，2016；Sidhu et al.，2007）。假设 H_{1-2} 获得支持，表明了市场驱动型跨界搜寻的外部知识越多，企业的创业能力就越强。本书的实证结果表明，市场驱动型跨界搜寻是企业跨越组织边界和认知基础，通过搜寻新的产品设计、新的分销渠道、新的细分市场、新的商业模式等与市场有关的外部知识，促进企业出现更多的如拓宽现有行业的业务范围等风险投资活动，以及采用灵活的组织结构来增加创新等公司创业活动。

假设 H_{1-3} 检验共性技术导向跨界搜寻分别对公司创业的积极正向作用，验证了企业通过公共平台了解的、所在联盟内成员企业面临的行业共性技术难题等行业内外共性技术知识信息对企业的公司创业产生的影响机制。假设

H_{1-3} 得到验证，表明了共性技术导向跨界搜寻的外部知识越多，企业的创新能力、风险承担能力和战略更新能力就越强，公司创业活动就越多。本书的实证结果表明，共性技术导向跨界搜寻对公司创业具有显著的正向影响，说明企业通过公共平台了解行业内共性技术发展趋势、积极参加政府发起的共性技术攻关项目及业内企业发起的共性技术研发计划，有利于公司创业活动的进行。

假设 H_{1-4} 检验了产品技术导向跨界搜寻对公司创业的正向作用。该结论表明，企业为实现合作创新而进行的工艺流程改进、产品的检测与改良、营销人员及时将产品设计与功能变化趋势反馈给研发部门等进行的产品技术导向跨界搜寻活动，会增加公司的创业活动，如在与当前业务相关的新行业中开展新业务、拓宽当前行业的业务范围等。

跨界搜寻是包含科技驱动型、市场驱动型、共性技术导向和产品技术导向四个方面的搜寻。跨界搜寻有哪些策略？企业从哪里开始搜寻？企业必须了解知识的存储位置以便有效地进行搜寻。通过将搜寻空间设想为与企业现有知识库的相对距离，搜寻可以是本地的，即靠近公司现有的知识，也可以是远程的知识，即远离公司现有的知识。在实践中，企业需要预先确定知识类别和知识组合。知识类别可以来自技术领域、行业分类或科学领域。企业应根据自身发展的知识资源需要，结合自身实际，有针对性地选择搜寻对象，如与高校联合培养人才、与科研机构合作获取科技知识源，从供应商、竞争者、行业协会、咨询机构及展销会等市场主体获取所需的市场知识，从公共技术平台、联盟内成员和客户获取共性技术和产品技术的相关知识。

企业跨越时空的跨界搜寻活动增加了知识搜寻的广度和深度，是破除企业资源有限的有益思路，搜寻到的科学、技术、市场和客户需求等多元化与异质性的知识资源，能够帮助更好地开展公司创业活动。特别是在现今政府鼓励企业进行共性技术研发并提供政府补贴的大好环境中，企业也应抓住这一机遇，参与到共性技术研发活动中去，为企业争取更多的发展优势。

公司创业的实施是一个持续的过程，需要企业进行不断的知识资源及其他资源的投入以保证其持续性。在互联网时代，跨界搜寻已并非难事。互联网的方便、跨越时空的优势有利于企业搜寻到海量的外部知识，然而，跨界搜寻会带来成本问题，企业搜寻的范围越大，付出的成本越高，还可能带来可靠性问题。并且，企业需要判断竞争对手研发的时机，确定搜寻的策略：如果企业采取领先策略，先于竞争对手进行搜寻相关的外部知识和信息，就有利于研发出创新性更多的新产品与服务；如果企业在竞争对手之后开展知识搜寻，也会有助于企业研发出较多的新产品与服务；如果企业与竞争对手同步搜寻，则无法保证研发出具有足够新颖度的数量更多的新产品及服务。因此，企业应明确跨界搜寻的内容与搜寻时机，根据实际需要，是跨界组织边界还是技术边界，还是两者均需要，所以选取合适的跨界搜寻模式，有针对性地有效地进行跨界搜寻非常重要。

2. 企业应当重视吸收能力的培育

跨界搜寻作为外部知识供给，为企业内部消化系统提供了运作的知识，而吸收能力则有行使重要的"消化"作用，企业通过吸收能力，把外部知识与内部知识内化为自己的"营养"，然后产出理想的结果，如公司创业活动。吸收能力决定了企业识别、消化和利用外部异质性有价值知识的能力。如果企业拥有较强的吸收能力，则会对异质性知识与内部现存知识的整合过程中起到积极作用，会提高企业对外部知识资源的吸收整合的效率及对溢出效应的利用程度，从而有助于推动公司创业活动的开展。反之，如果企业存在自身技术体系与外部技术知识的融合度较低，整合能力和应用能力较弱，就会引起低效率吸收的问题，使企业面临难以推动公司创业活动不断开展的困境。所以，吸收能力的重要性是不言而喻的，企业应当重视对吸收能力的培育。

假设 H$_2$ 检验的是跨界搜寻和吸收能力之间的关系，根据假设检验的结果，假设 H$_2$ 得到验证，表明企业跨界搜寻所获取的外部异质性知识越多，企业的吸收能力就会越强。这一研究结论与扎赫拉等（2009）、钱和阿克斯（Qian & Acs，2013）、王伏虎（2016）的观点基本一致。这些研究均指出了企业获取外部新知识与吸收能力之间的关系。然而，这些研究的不足之处在于未考虑跨界搜寻对吸收能力的影响作用。基于对假设的理论拓展，本书分别从知识评估能力、知识同化能力和知识应用能力三个方面来衡量企业的吸收能力，并分别从科技驱动型跨界搜寻、市场驱动型跨界搜寻、共性技术导向跨界搜寻和产品技术导向跨界搜寻四个维度来检验它们之间所存在的关系。

本书检验结果表明，企业的吸收能力依赖于企业的现有知识库，而跨界搜寻为企业提供了有价值的异质性或全新的知识资源，丰富了现有知识库，为企业的吸收能力提供了知识基础，有利于促使企业的吸收能力；企业的吸收能力越强，越能促使企业有针对性开展跨界搜寻活动，提高企业跨界搜寻的效率。

假设 H$_{2-1}$ 检验科技驱动型跨界搜寻对吸收能力的正向影响，验证了高等院校、科研机构、政府科技部门、咨询机构等外部知识密集型知识源对企业的吸收能力产生的作用机制。假设 H$_{2-1}$ 得到支持，本书的研究结论与卡西曼和维格勒斯（Cassiman & Vugelers，2006）、穆罗韦茨和普丹（Murovec & Prodan，2009）及肖颖（2017）的观点一致。检验结果表明，科技驱动型跨界搜寻活动越多，越能提高企业的知识评估能力、知识同化能力和知识应用能力；企业的知识评估能力、知识同化能力与知识应用能力越强，越能灵活获取、消化和应用外部知识，越能有效地理解、转化和管理知识，有针对性进行科技驱动型跨界搜寻，提高搜寻的效率。

假设 H$_{2-2}$ 检验市场驱动型跨界搜寻对吸收能力的正向作用，验证了消费者、供应商、竞争对手、行业协会/商会、咨询机构、展销会、专业会议等外部知识源对企业的吸收能力产生的影响作用（Gulatietal，2012；Sidhu et al.，2007；Cohen & Levinthal，1994）。假设 H_{2-2} 得到证实，表明了市场驱动型跨界搜寻的活动越多，越有助于提升企业的吸收能力。本书的实证结果表明，企业应突破自封，而是与高校、供应商和竞争对手等外部主体合作，参加设计或产品交流会、博览会等收集行业最新信息，快速搜寻到新的市场知识，通过对搜寻的外部新知识进行消化吸收和应用，最终转化为满足客户需求的新产品和新服务。

假设 H_{2-3} 得到验证，表明共性技术导向跨界搜寻对企业的吸收能力产生正向影响作用。企业通过共性技术导向跨界搜寻获取技术知识，企业对外部技术知识的吸收能力具体表现为研发投入（Huang et al.，2015；Fabrizio，2009），而技术知识基础是企业对外部技术知识的认知、对接和融合的能力，有助于企业对新技术知识的同化与应用。

在当前政府部门重视共性技术发展的环境下，如对行业有重要影响和瓶颈制约、短期内亟待解决并能够取得突破的产业关键共性技术，以文件的形式出台。政府鼓励企业积极参与行业共性技术研发，并提供了相关政策支持，企业应抓住机遇，积极主动参与共性技术研发，进行共性技术导向跨界搜寻的活动，获取所需的外部新技术知识，提升企业的知识评估、消化吸收和应用能力。

假设 H_{2-4} 检验产品技术导向跨界搜寻对吸收能力的正向影响，验证了产品技术导向跨界搜寻对企业的吸收能力产生的积极影响作用，本书的检验结果与博德里（Beaudry，2003）、朱利亚尼（Giuliani，2005）和刘曜伟（2017）的观点具有一致性。假设 H_{2-4} 获得支持，表明了产品技术导向跨界搜寻的活动越多，企业的知识评估能力、知识同化能力和知识应用能力就越强，越能提升企业的吸收能力。

产品技术导向跨界搜寻主要侧重企业在生产某项产品的专门知识、操作经验和技术的搜寻，如优化工艺流程、企业的营销人员及时将产品设计和功能变化反馈给研发部门、企业内部技术中心的产品检测与改良与改进产品。本书的实证结果表明，企业产品技术导向跨界搜寻的活动越多，企业在复杂的动态竞争环境中识别新知识和新机会的感知能力就会越强，就越能将外部知识与企业内部现有知识进行有效整合、同化吸收，从而应用到企业的产品开发和生产的工艺流程之中。

对于部分企业而言，先天就可能存在对外部知识消化吸收能力比较低的弱势，企业更应该首先突破"认为自身能力弱就不行的"这种理念的限制，找出企业自身的"痛点"，如针对知识的整合能力与应用能力较弱，制定目标，采取行动，持续实施。

3. 企业应当认识并高度重视公司创业活动的开展

假设 H_3 检验的是吸收能力和公司创业之间的关系，假设检验结果发现，假设 H_3 得到验证，研究发现企业吸收能力越强，企业的公司创业活动就会越多。这一研究结论与斯维斯福和拉希（2018）、加西亚 – 桑切斯等（2018）、萨赫达里等（2014）、钱和阿克斯（2013）的观点基本一致，企业的吸收能力有助于提供公司创业水平，吸收能力是解释外部知识如何被识别、消化吸收和应用于创新活动、风险承担活动与战略更新活动中，是产生公司创业的重要影响因素。

本书的检验结果证实了企业需要识别外部新知识的价值，消化吸收新知识，并将这些知识应用到公司创业活动中。一方面，吸收新知识能够使企业变得更具灵活性和创新性，会比那些不吸收新知识的企业有着更高的公司创业水平，并且吸收新知识能力强的企业，会比那些吸收新知识能力弱的企业更具有竞争力；另一方面，企业的公司创业活动需要丰富的知识资源提供支持。知识作为企业的一种资源，企业需要考虑如何通过整合与应用这些资源形成一种新的能力，促进企业的公司创业活动的出现。

假设 H_{3-1} 检验了知识评估能力与公司创业之间的关系，检验结果显示，假设 H_{3-1} 成立，表明了企业的知识评估能力和公司创业之间存在正向显著关系。因此，企业发展其吸收能力，识别和评估新知识，识别和探索新的机会，从而引导管理者探索促进企业成长的战略更新战略、创新战略和风险投资战略，增强企业的公司创业能力。

假设 H_{3-2} 检验了知识同化能力和企业的公司创业之间的关系，检验结果显示，假设 H_{3-2} 得到验证，即企业的知识同化能力越强，其创业能力就越强。这一结论证实了，企业的知识同化能力越强，越有助于企业对所获取的外部知识的理解、发掘知识之间的联系、消化吸收，进而开发出创新创业的方案，促进企业内部的创新，如企业强调研发和创新、增加新产品/服务的研发支出及增加现有市场中的产品/服务数量。

假设 H_{3-3} 检验了知识应用能力和公司创业之间的关系，检验结果显示，假设 H_{3-3} 获得支持，即企业的知识应用能力越强，其公司创业能力就越强。本书认为，企业的知识应用能力越强，企业越容易调整工作以利用新知识，促使企业采用灵活的组织结构、协调各单位的活动、培训和鼓励员工发挥创造力，将新知识应用到企业的新产品/服务等新的业务领域中，从而出现更多的公司创业活动，获得更多的竞争优势。

假设 H_4 检验的是吸收能力在跨界搜寻与公司创业之间的中介作用，假设检验结果发现假设 H_4 得到验证。本书检验结果表明，跨界搜寻对公司创业的影响通过两个路径实现的：一个路径是跨界搜寻直接对公司创业产生正向影响，这个路径通过假设 H_1 得到验证；另一个路径是跨界搜寻通过吸收能力的中介作用，进而对公司创业产生影响，并且在这一过程中，吸收能力起到完全的中介作用。本书的这一结论证实了企业的科技驱动型、市场驱动型、共性技术导向和产品技术导向跨界搜寻所构成的跨界搜寻带来的丰富的异质性知识资源，在吸收能力较强的企业中会出现更多的公司创业活动。

在当今我国高度重视创业的发展环境中，企业需要抓住这个契机，更新理念，充分认识并重视公司创业活动对提升企业核心竞争力的重要作用。公司创业中的创新、冒险和战略更新活动是企业动态能力的体现。公司创业会激励企业持续关注市场环境和发展的动向，促使企业更加适应经营环境的变化、重视知识资源，强调知识的消化吸收应用功能，促成新资源的组合利用，构建企业的动态能力。

4. 企业应当充分发挥高层管理者支持的重要作用

假设 H_5 检验的是高层管理者支持在跨界搜寻与公司创业之间的调节作用。假设检验表明，假设 H_5 未能得到验证，即高层管理者支持在跨界搜寻与公司创业之间起到较显著的负向调节作用。与不存在高层管理者支持的企业相比，存在高层管理者支持的企业跨界搜寻会对公司创业起到负向影响。研究结论证实，高层管理者支持在跨界搜寻与公司创业之间起到负向调节作用。可能的解释是，当高层管理者对企业的跨界搜寻活动提供态度和资源上的较多支持时，会促使企业根据实际需要进行较深、较广的跨界搜寻活动，过多的跨界搜寻将会给企业带来信息过载和困惑而产生负面效果（吴晓波等，2013），由此降低新洞察出现的可能性，从而导致有影响力的公司创业活动减少。

假设 H_6 检验的是高层管理者支持在吸收能力与公司创业之间的调节作用。假设检验表明，假设 H_6 得到验证，即高层管理者支持在吸收能力与公司创业之间起到较显著的调节作用。本书的检验结果发现，在企业中，高层管理者支持在吸收能力与公司创业之间的关系中起较为显著的调节作用，高层管理者支持度高会增强吸收能力与公司创业之间的关系，高层管理者支持度低会消弱吸收能力与公司创业之间的关系，也就是说，吸收能力对公司创业的正向影响在高层管理者支持度高中更为强烈。这一检验结论解释了为何有些企业虽然重视吸收能力的作用，但因没有得到高层管理者支持或支持的程度不够，往往无法实现或无法较多实现公司创业活动。

本书研究证实，高层管理者支持在吸收能力与公司创业之间起到较显著的正向调节作用，在跨界搜寻与公司创业之间起负向调节作用。高层管理者通过设计创新、风险承担和战略更新方案创造公司创业活动，需要具有预见性，其预见性要先于顾客，并能随时调整产品和服务的方案。公司创业活动存在风险，如果高层管理者主动了解活动可能面临的风险，理解成本的风险和潜在收益的风险，并提供各种充足的资源予以支持时，公司创业活动才能够实现；当企业的高层管理者支持的程度较低时，公司创业活动实现的可能性较低；当企业的高层管理者认为新产品、新市场、新技术的实施可能会失败，反对并阻碍时，即便企业获取了较多的外部知识资源、企业的吸收能力较强，公司创业活动也无法开展。因此，企业应当充分发挥高层管理者支持在公司创业活动中的重要作用。

综上所述，企业要与时俱进求发展，在互联网时代管理者需要有与时俱进的思维，在经营管理企业的过程中，应当倡导通过多渠道进行跨界搜寻获取多样性的异质性信息，重视外部新知识与内部已有知识的消化吸收和应用，在高层管理者的支持下，促进更多公司创业活动的开展。本书结论以期为管理层作决策提供可借鉴的建议，为企业的持续成长与经济的增长作出贡献。

6.3　本书的不足与未来展望

尽管本书力求尽可能深入而全面地考察跨界搜寻、吸收能力和公司创业之间的影响关系，分析吸收能力在跨界搜寻和公司创业之间的中介效应，探索高层管理者支持在跨界搜寻和公司创业之间的调节效应及高层管理者支持在吸收能力和公司创业之间的调节效应,但本书仍可能存在以下局限。

第一,本书采用问卷调研的方式,对构建的理论模型和研究假设通过结构方程模型和回归模型的方法实践出来。如在公司创业的主流定义中,除了包含战略更新、创新和风险承担,也含有主动竞争方面的内容,鉴于问卷长度的合理性,在问卷中本书未能对主动竞争的多个题项设计,或者能否结合企业的发明专利等数据结合在一起进行测量公司创业,在未来研究中,将进一步探索。同时,将采用对企业家进行翔实访谈等形式取得企业更多的实际数据,未来有待于进一步研究。

第二,在高层管理者支持的衡量中,本书采用的是单维度变量。尽管其维度中的两个题项信度较高,但无法进行验证性因子分析,限于研究的范围,本书没能给出相应答案,有待于未来采用多维度的高层管理者支持变量进一步研究。

第三,在未来的研究中,本书可尝试加入西部地区和东部发达地区更多的企业作为样本,以进一步探寻本书中各研究变量之间的关系。在未来的研究中,样本来源的实地调研、电子邮件调研及问卷星调研中,如果三种来源的数据量均较多的情况下,可以考虑对三种来源的数据进行方差分析,比较它们的差异。

参 考 文 献

［1］白海青，毛基业.CEO支持信息化的动因：激发条件与促进机制［J］.南开管理评论，2014（6）：114－125.

［2］白景坤，杨智，董晓慧.双元性创新能否兼得？——公司创业导向的作用与知识刚性的调节效应［J］.经济管理，2015，37（11）：42－52.

［3］蔡莉，张玉利，路江涌.创新与创业管理［J］.科学观察，2019，14（1）：58－60.

［4］蔡赕赕.跨界搜索、吸收能力与协同创新能力——基于开放式创新的视角［D］.杭州：浙江工商大学，2018（1）.

［5］柴吉孟.基于网络位置与吸收能力的集群企业创新绩效研究［D］.杭州：杭州电子科技大学，2013.

［6］陈君达，邬爱其.国外创新搜寻研究综述［J］.外国经济与管理，2011，33（2）：58－65.

［7］陈钰芬，陈劲.开放式创新促进创新绩效的机理研究［J］.科研管理，2009（30）.

［8］邓少军.高层管理者认知与企业动态能力演化——基于中国企业转型升级背景的实证研究［D］.上海：复旦大学，2010（4）.

［9］邓昕才，潘枭骁，叶一娇.跨界搜索、组织惯例更新、管理创新

及组织绩效关系 [J]. 贵州社会科学, 2017 (8): 96 - 102.

[10] 董坤祥, 谢宗晓, 甄杰, 林润辉. 高管支持、制度化与信息安全管理有效性 [J]. 外国经济与管理, 2018 (5): 113 - 126.

[11] 窦红宾, 王正斌. 网络结构、吸收能力与企业创新绩效: 基于西安通讯装备造产业集群的实证研究 [J]. 中国科技论坛, 2010 (5): 25 - 30.

[12] 樊霞, 黄妍, 朱桂龙. 产学研合作对共性技术创新的影响效用研究 [J]. 科研管理, 2018, 39 (1): 34 - 44.

[13] 范志刚, 吴晓波. 动态环境下企业战略柔性与创新绩效关系研究 [J]. 科研管理, 2014, 35 (1): 1 - 8.

[14] 冯灿坤. 跨界搜索对后发企业创新绩效的影响研究 [D]. 郑州: 郑州大学, 2019 (5).

[15] 奉小斌, 陈丽琼. 组织跨界搜索与创新绩效间关系的元分析 [J]. 技术经济, 2014, 33 (10): 41 - 50.

[16] 付敬, 朱桂龙. 知识源化战略, 吸收能力对企业创新绩效产出的影响研究 [J]. 科研管理, 2014, 35 (3): 25 - 34.

[17] 付敬. 企业共性技术创新、吸收能力及其对创新绩效的影响研究 [D]. 广州: 华南理工大学, 2013 (4).

[18] 傅颖. 家族企业公司创业的驱动机制与长效路径研究 [D]. 浙江大学, 2018 (6).

[19] 高菲, 黄祎. 供应链网络对公司创业的影响研究——组织学习的中介作用 [J]. 东北大学学报 (社会科学版), 2018, 20 (3): 255 - 261.

[20] 郭国庆, 吴剑峰. 绩效管理企业知识库、技术探索与创新绩效关系研究: 基于美国电子医疗设备行业的实证分析 [J]. 南开管理评论, 2007, 10 (3): 87 - 93.

[21] 郭淑芬, 郭金花, 李晓琪. 合作创新质量、知识吸收能力与企业

创新绩效——基于太原高新区科技型中小企业的实证研究 [J]. 南京工业大学学报 (社会科学版), 2017, 16 (3): 89 - 99.

[22] 胡保亮, 赵田亚, 闫帅. 高管团队行为整合、跨界搜索与商业模式创新 [J]. 科研管理, 2018 (12): 38 - 44.

[23] 胡畔, 于渤. 跨界搜索、能力重构与企业创新绩效——战略柔性的调节作用 [J]. 研究与发展管理, 2017, 29 (4): 138 - 147.

[24] 黄杜鹃, 陈松, 叶江峰. 主动组织遗忘、吸收能力与创新绩效关系研究 [J]. 科研管理, 2016 (10): 19 - 25.

[25] 黄曼. 企业技术能力结构及其对产学研合作的影响研究 [D]. 学术论文联合比对库, 2016 (10).

[26] 焦豪. 双元型组织竞争优势的构建路径: 基于动态能力理论的实证研究 [J]. 管理世界, 2011 (11): 76 - 91, 188.

[27] [美] 杰弗里·A. 迈尔斯 (Jeffrey A. Miles) 著, 徐世勇, 李超平等译. 管理与组织研究必读的 40 个理论 [M]. 北京: 北京大学出版社, 2018 (12).

[28] 金丽. 基于吸收能力的创业导向与企业绩效 [M]. 北京: 机械工业出版社, 2018 (7).

[29] 李光泗, 沈坤荣. 技术引进方式、吸收能力与创新绩效研究 [J]. 中国科技论坛, 2011 (11): 15 - 20.

[30] 李纪珍. 产业共性技术: 概念、分类与制度供给 [J]. 中国科技论坛, 2006 (3): 45 - 48.

[31] 李杰义, 曹金霞, 刘裕琴. 双重网络嵌入性、吸收能力对创新绩效的影响研究——基于 258 家跨国制造企业的面板数据 [J]. 华东经济管理, 2018 (3): 134 - 140.

[32] 李显君, 钟领, 王京伦, 王巍. 开放式创新与吸收能力对创新绩

效影响——基于我国汽车企业的实证［J］.科研管理，2018，39（1）：45 - 52.

［33］林春培，张振刚.基于吸收能力的组织学习过程对渐进性创新与突破性创新的影响研究［J］.科研管理，2017，38（4）：38 - 45.

［34］刘富先.组织搜寻对适应能力与升级绩效影响的实证研究［J］.学术论文联合比对库，2017（4）.

［35］刘学元，丁雯婧，赵先德.企业创新网络中关系强度、吸收能力与创新绩效的关系研究［J］.南开管理评论，2016（1）：30 - 42.

［36］刘曜玮.跨界搜索、吸收能力和产品创新——基于动态能力视角的研究［D］.南京：南京大学，2017（5）.

［37］鲁塞尔·韦斯特考特，田彤坤.管理期望——如果得不到上层的支持，质量将跌至最低水平［J］.中国质量，2010（1）：50 - 52.

［38］陆立军，赵永刚.基于产业共性技术的企业技术创新机理与实证研究［J］.经济问题探索，2010（11）：75 - 79.

［39］吕一博，苏敬勤.中小企业成长的影响因素——不确定条件下资源的经济寻租视角［M］.北京：科学出版社，2011（5）.

［40］马如飞.跨界搜寻对企业绩效的影响机制研究［D］.杭州：浙江大学，2009（5）.

［41］毛娜，宋合义，韩樱.高层管理者的信任和支持对职业兴趣与领导绩效之间关系的影响［J］.科学学与科学技术管理，2009（1）：148 - 152.

［42］孟伟.跨界搜寻对科技型中小企业创新绩效影响研究——动态能力为中介变量［D］.沈阳：辽宁大学，2016（6）.

［43］彭本红，马铮，张晨.平台型企业开放式服务创新跨界搜索模式研究：以百度为例［J］.中国科技论坛，2017（8）：152 - 158.

［44］彭本红，武柏宇. 跨界搜索、动态能力与开放式服务创新绩效［J］. 中国科技论坛，2017（1）：32－39.

［45］钱锡红，杨永福，徐万里. 企业网络位置，吸收能力与创新绩效——一个交互效应模型［J］. 管理世界，2010（5）：118－129.

［46］人民日报. 习近平在十九大上的报告全文发布［N］. 人民日报，2017－10－28（1）.

［47］阮氏如月. 社会网络、动态能力与中小企业成长［D］. 上海：华东师范大学，2019（5）.

［48］Rodney Turner，师冬平. 获得高层管理者的支持［J］. 项目管理技术，2005（7）：59－61.

［49］芮正云，罗瑾琏. 企业创新搜寻策略的作用机理及其平衡——一个中国情境下的分析框架与经验证据［J］. 科学学研究，2016，34（5）：771－780.

［50］孙亮，李建玲，李岱松. 产业技术创新战略联盟的组织模式与政府作用［J］. 中国科技论坛，2015（3）：12－17.

［51］孙骞，欧光军. 双重网络嵌入与企业创新绩效——基于吸收能力的机制研究［J］. 科研管理，2018（5）：68－76.

［52］孙德升. 高管团队与企业社会责任：高阶理论的视角［J］. 科学学与科学技术管理，2009（4）：188－193.

［53］陶锋. 吸收能力、价值链类型与创新绩效——基于国际代工联盟知识溢出的视角［J］. 中国工业经济，2011（1）：140－150.

［54］万坤扬，陆文聪. 创业企业知识异质性与公司投资者知识创造［J］. 科研管理，2016，37（2）：9－19.

［55］王伏虎. 知识获取、吸收能力对高新技术企业创新能力影响研究［D］. 镇江：江苏大学，2016（12）.

[56] 王国顺，杨昆．社会资本、吸收能力对创新绩效影响的实证研究 [J]．管理科学，2011，24（5）：23-36．

[57] 王建，胡珑瑛，马涛．吸收能力、开放度与创新平衡模式的选择：基于上市公司的实证研究 [J]．科学学研究，2015（2）：304-312．

[58] 王立生．社会资本、吸收能力对知识获取和创新绩效的影响研究 [D]．杭州：浙江大学，2007．

[59] 王琳，魏江．知识密集服务嵌入、跨界搜索与制造企业服务创新关系研究 [J]．科技进步与对策，2017，34（16）：48-55．

[60] 王素娟，王建智．商业模式匹配跨界搜索战略对创新绩效的影响 [J]．科研管理，2016，37（9）：113-122．

[61] 王天力．隐性知识获取、吸收能力与新创企业创新绩效关系研究 [D]．吉林：吉林大学博士学位论文，2013（10）．

[62] 王宛秋，张潇天．谁更易在跨界技术并购中获益？[J]．科学学研究，2019（5）：899-908．

[63] 王旭超，郭琦，闫永芳．跨界搜索行为对企业创新绩效的影响——基于互联网企业的扎根研究 [J]．科技管理研究，2018，38（5）：124-134．

[64] 王育晓，杨敏利．外部知识获取、吸收能力与创新绩效的关系研究 [A]．Intelligent Information Technology Application Association. Applied Computing, Computer Science, and Computer Engineering（ACC 2011 V3）[C]．*Intelligent Information Technology Application Association*：智能信息技术应用学会，2011：6．

[65] 王张乐．动态经营环境下企业网络对吸收能力的影响机制研究 [D]．杭州：浙江大学，2008（4）．

[66] 韦影．企业社会资本与技术创新：基于吸收能力的实证研究 [J]．中国工业经济，2007（9）：119-127．

［67］卫维平．基于结构方程模型的企业家精神与企业绩效关系研究
［D］．天津：天津大学，2008（6）.

［68］魏江，冯军政．企业知识搜寻模式及其对企业技术创新的影响研究［J］．科学管理研究，2009，27（6）：55－60.

［69］邬爱其，方仙成．国外创新搜寻模式研究述评［J］．科学学与科学技术管理，2012，33（4）：67－74.

［70］吴明隆．结构方程模型——AMOS 的操作与应用［M］．重庆：重庆大学出版社，2010（10）.

［71］吴先华，郭际，胡汉辉．技术联盟企业的认知距离、吸收能力与创新绩效的关系研究［J］．科学学与科学技术管理，2008（3）：53－58.

［72］吴先明．我国企业知识寻求型海外并购与创新绩效［J］．管理工程学报，2016，30（3）：54－62.

［73］吴晓波，郭瑞，熊磊．跨界搜索、企业内部协作网络与创新产出技术影响力：基于全球半导体行业的实证分析［J］．西安电子科技大学学报（社会科学版），2013，23（6）：27－34.

［74］吴增源，谌依然，伍蓓．跨界搜索的内涵、边界与模式研究述评及展望［J］．科技进步与对策，2015，32（19）：153－160.

［75］武德昆，官海滨，王兴起，谢宗晓．高管支持对信息安全管理有效性的影响研究：信息安全意识的中介效应［J］．中国海洋大学学报（社会科学版），2014（2）：44－50.

［76］夏石泉．建筑业企业外部知识渠道、吸收能力对创新绩效的影响研究［D］．杭州：浙江大学，2012（4）.

［77］项国鹏，宁鹏，罗兴武，杨卓．公司创业研究知识结构与前沿演进——基于 Citespace Ⅱ 的知识图谱计量研究［J］．科技进步与对策，2016，33（13）：141－148.

［78］肖丁丁，朱桂龙．产学合作中的知识生产效率——基于"模式Ⅱ"的实证研究［J］．科学学研究，2012，30（6）：895－903．

［79］肖丁丁，朱桂龙．跨界搜寻、双元能力结构与绩效的关系研究——基于创新能力结构视角［J］．经济管理，2017（3）：48－62．

［80］肖丁丁．跨界搜寻对组织双元能力影响的实证研究［D］．广州：华南理工大学，2013（3）．

［81］肖颖．跨界搜索、吸收能力与技术能力提升［D］．山东大学，2017（6）．

［82］谢卫红，李忠顺，苏芳，王永健．高管支持、大数据能力与商业模式创新［J］．研究与发展管理，2018（4）：153－162．

［83］熊伟，奉小斌，陈丽琼．国外跨界搜寻研究回顾与展望［J］．外国经济与管理，2011，33（6）：18－26．

［84］熊勇清，白云，陈晓红．战略性新兴产业共性技术开发的合作企业评价——双维两阶段筛选模型的构建与应用［J］．科研管理，2014，35（8）：68－74．

［85］薛捷，张振刚．国外产业共性技术创新平台建设的经验分析及其对我国的启示［J］．科学学与科学技术管理，2006（12）：87－92．

［86］闫泽斌，杨治，周南．企业技术能力对外部技术利用的影响［J］．管理评论，2017，29（7）：46－60．

［87］叶江峰，任浩，郝斌．外部知识异质度对创新绩效曲线效应的内在机理——知识重构与吸收能力的视角［J］．科研管理，2016，37（8）：8－17．

［88］叶竹馨，买忆媛．探索式即兴与开发式即兴：双元性视角的创业企业即兴行为研究［J］．南开管理评论，2018，21（4）：15－25．

［89］易丹辉．结构方程模型：方法与应用［M］．北京：中国人民大学出版社，2008（5）．

[90] 殷俊杰，邵云飞．跨界搜索均衡对企业创新绩效的影响——战略柔性的调节作用 [J]．技术经济，2017，36（7）：1-8，35．

[91] 俞位增，蔡简建，陈珊．集群内代工企业跨界搜索类型对创新绩效的影响研究——基于跨界组织制度性的调节效应 [J]．宁波大学学报（人文科学版），2015，28（6）：84-89．

[92] 禹献云，周青．外部搜索策略、知识吸收能力与技术创新绩效 [J]．科研管理，2018（8）：12-18．

[93] 袁海．文化产业集聚的形成及效应研究 [D]．西安：陕西师范大学，2012（12）．

[94] 袁健红，龚天宇．企业知识搜寻前因和结果研究现状探析与整合框架构建 [J]．外国经济与管理，2011，33（6）：27-33．

[95] 韵江，杨柳，付山丹．开放式创新下"吸收-解析"能力与跨界搜索的关系 [J]．经济管理，2014（7）：129-139．

[96] 张峰，刘侠．外部知识搜寻对创新绩效的作用机理研究 [J]．管理科学，2014，27（1）：31-42．

[97] 张海军．跨界搜索、知识整合能力对制造业企业服务创新的影响机制研究 [D]．天津：南开大学，2017（5）．

[98] 张萌萌，李建华，裴冬雪，王辰．高技术企业公司创业影响因素探析及模型构建 [J]．科研管理，2016，37（7）：27-34．

[99] 张萌萌．高技术企业公司创业、企业集聚行为与绩效关系研究 [D]．吉林大学，2016（6）．

[100] 张珊珊，刘红云，侯杰泰．验证性因素分析中关于分类数据和非正态数据的模拟研究 [A]．中国心理学会．第十一届全国心理学学术会议论文摘要集 [C]．中国心理学会，2007（1）：340．

[101] 张文红，陈斯蕾，赵亚普．如何解决制造企业的服务创新困境：

跨界搜索的作用 [J]. 经济管理, 2013, 35 (3): 139 – 151.

[102] 张文红, 唐彬, 赵亚普. 地理跨界搜索对企业创新影响的实证研究 [J]. 科学学与科学技术管理, 2014, 35 (11): 172 – 180.

[103] 张文红, 张骁, 翁智明. 制造企业如何获得服务创新的知识? ——服务中介机构的作用 [J]. 管理世界, 2010 (10): 122 – 134.

[104] 张文红, 赵亚普, 施建军. 创新中的组织搜索: 概念的重新架构 [J]. 管理学报, 2011, 8 (9): 1387 – 1392.

[105] 张文红, 赵亚普. 转型经济下跨界搜索战略与产品创新 [J]. 科研管理, 2013, 34 (9): 54 – 63.

[106] 张翔, 丁栋虹. 创业型领导、组织学习与战略柔性关系 [J]. 中国石油大学学报 (社会科学版), 2016 (12): 11 – 17.

[107] 张玉利, 李乾文. 公司创业导向、双元能力与组织绩效 [J]. 管理科学学报, 2009, 12 (1): 137 – 152.

[108] 张月月, 俞荣建, 谢杰. 多重嵌入、跨界搜索与中国装备制造企业价值链跃迁 [J]. 社会科学战线, 2018 (9): 72 – 78.

[109] 章威. 基于知识的企业动态能力研究: 嵌入性前因及创新绩效结果 [D]. 杭州: 浙江大学, 2009 (4).

[110] 赵万隆. 公司创业中的调整行为: 内容、动因、特点、影响 [D]. 南开大学, 2017 (5).

[111] 郑华良. 地理搜寻对集群企业创新绩效的影响: 吸收能力的调节作用 [J]. 科学学与科学技术管理, 2012, 33 (5): 46 – 55.

[112] 郑慕强、徐宗玲. 中小企业外部网络、吸收能力与技术创新 [J]. 经济管理, 2009 (11): 71 – 78.

[113] 郑月龙, 杨柏, 王琳. 产业共性技术扩散行为演化及动力机制 [J]. 中国科技论坛, 2019 (5): 26 – 34, 67.

[114] 周文光, 曹蓉, 黄瑞华. 基于知识产权风险的吸收能力与产品创新绩效之间关系研究 [J]. 科学学与科学技术管理, 2012, 34 (9): 123 – 132.

[115] 周文光, 李尧远. 吸收能力、知识产权风险与产品创新绩效 [J]. 科研管理, 2016 (6): 112 – 119.

[116] 周文光. 吸收能力与流程创新绩效之间关系的实证研究——基于知识产权风险的调节作用 [J]. 南开管理评论, 2013, 16 (5): 51 – 60.

[117] 周翔, 罗顺均, 吴能全, 李芬香. 核心能力快速丧失企业的公司创业——基于海印商业运营的公司创业纵向案例研究 [J]. 管理世界, 2018, 34 (6): 157 – 172, 181.

[118] 朱桂龙. 产学研与企业自主创新能力提升 [J]. 科学学研究, 2012, 30 (12): 1763 – 1764.

[119] Agarwal R. , Audretsch D. , Sarkar M. The Process of Creative Construction: Knowledge Spillovers, Entrepreneurship, and Economic Growth [J]. *Strategic Entrepreneurship Journal*, 2007, 1 (3 – 4), 263 – 286.

[120] Ahuja G. , Katila R. Where Do Resources Come From? The Role of Idiosyncratic Situations [J]. *Strategic Management Journal*, 2004 (25): 887 – 907.

[121] Ahuja G. , Morris Lampert C. Entrepreneurship in the Large Corporation: A Longitudinal Study of How Established Firms Create Breakthrough Inventions [J]. *Strategic Management Journal*, 2001, 22 (6 – 7): 521 – 543.

[122] Aija Leiponen, Constance E. Helfat J. Innovation Objectives, Knowledge Sources, and the Benefits of Breadth [J]. *Strategic Management Journal*, 2009, 31 (2): 224 – 236.

[123] Ana Maria Bojica, Maria del Mar Fuentes – Fuentes, Virginia Fer-

nandez Perez. Corporate Entrepreneurship and Codification of the Knowledge Acquired from Strategic Partners in SMEs [J]. *Journal of Small Business Management*, 2017, 55 (S1): 205 – 230.

[124] Andersen T. J. , Foss N J. Strategic Opportunity and Economic Performance in Multinational Enterprises: The Role and Effects of Information and Communication Technology [J] . *Journal of International Management*, 2005 (11): 293 – 310.

[125] Andrzej Lis, Agata Sudolska. Absorptive Capacity and Its Role for the Company Growth and Competitive Advantage: The Case of Frauenthal Automotive Toruń Company [J]. *Journal of Entrepreneurship, Management and Innovation*, 2015, 11 (4): 63 – 91.

[126] Antonio K. W. , Lau, William Lo. Regional Innovation System, Absorptive Capacity and Innovation Performance: An Empirical Study [J]. *Technological Forecasting & Social Change*, 2015 (92): 99 – 114.

[127] Atuahene – Gima K. , Murray J. Y. Exploratory and Exploitative Learning in New Product Development: A Social Capital Perspective on New Technology Ventures in China [J]. *Journal of International Marketing*, 2007, 15 (2): 1 – 29.

[128] Audretsch D. B. , Keilbach M. The Theory of Knowledge Spillover Entrepreneur – ship [J]. *Journal of Management Studies*, 2007, 44 (7): 1242 – 1254.

[129] Autio E. , Sapienza H J. , Almeida J G. Effects of Age at Entry, Knowledge Intensity and Imitability of International Growth [J]. *Academy of Management Journal*, 2000 (43): 909 – 924.

[130] Babin B. J. , Boles J S. The Effects of Perceived Co – worker Involve-

ment and Supervisor Support on Service Provider Role Stress, Performance and Job Satisfaction [J]. *Journal of Retailing*, 1996 (72): 57 – 75.

[131] Baker T. , Miner A S. , Eesley D. Improvising Firms: Bricolage, Retrospective Interpretation and Improvisational Competencies in the Founding Process [J]. *Research Policy*, 2003 (32): 255 – 276.

[132] Barney J. Firm Resources and Sustained Competitive Advantage [J]. *Journal of Management*, 1991 (17): 99 – 120.

[133] Beaudry C. , Breschi S. Are Firms in Clusters Really More Innovative? [J]. *Economics of Innovation and New Technology*, 2003, 12 (4): 325 – 342.

[134] Behrens J. , Patzelt H. Corporate Entrepreneurship Managers' Project Termi – nations: Integrating Portfolio – Level, Individual – Level, and Firm – Level Effects [J]. *Entrepreneurship Theory and Practice*, 2015, 40 (4): 815 – 842.

[135] Benner M. J. , Tushman M. Process Management and Technological Innovation: A Longitudinal Study of the Photography and Paint Industries [J]. *Administrative Science Quarterly*, 2002, 47 (4): 676 – 706.

[136] Biedenbach T. , Müller R. Absorptive, Innovative and Adaptive Capabilities and Their Impact on Project and Project Portfolio Performance [J]. *International Journal of Project Management*, 2012, 30 (5): 621 – 635.

[137] Boonstra A. How DoTop Managers Support Strategic Information System Projects and Why Do They Sometimes Withhold This Support? [J]. *International Journal of Project Management*, 2013, 31 (4): 498 – 512.

[138] Boudreau K J. , Lacetera N. , Lakhani K R. , Incentives and Problem Uncertainty in Innovation Contests: An Empirical Analysis [J]. *Management*

Science, 2011, 57 (5): 843 – 863.

［139］ Bower Joseph L. , Clark Gilbert. A Revised Model of the Resource Allocation Process ［D］. *Harvard Business School*, 2005 (5).

［140］ Bueno S. , Salmeron J L. TAM – Based Success Modeling in ERP ［J］. *Interacting with Computers*, 2008, 20 (6): 515 – 523.

［141］ Burgelman R. A. Corporate Entrepreneurship and Strategic Management: Insights from A Process Study ［J］. *Management Science*, 1983, 29 (12): 1349 – 1364.

［142］ Burgelman R. A. Designs for Corporate Entrepreneurship in Established Firms ［J］. *California Management Review*, 1984, 26 (3): 154 – 166.

［143］ Burgelman R. A. Managing Corporate Entrepreneurship: New structures for Implementing Technological Innovation ［J］. *Technology in Society*, 1985, 7 (2 – 3): 91 – 103.

［144］ Burgers H. , Covin. J G. The Contingent Effects of Differentiation and Integration on Corporate Entrepreneurship ［J］. *Strategic Management Journal*, 2016 (37): 521 – 540.

［145］ Burgers J. H. , Covin J G. The Contingent Effects of Differentiation and Integration on Corporate Entrepreneurship ［J］. *Strategic Management Journal*, 2014, 37 (3): 521 – 540.

［146］ Busenitz, Gómez and Spencer. Country Institutional Profiles: Unlocking Entrepre – neurial Phenomena ［J］. *Academy of Management Journal*, 2000, 43 (5): 994 – 1003.

［147］ Cadiz D. , Sawyer J. E. , Griffith T. L. Developing and Validating Field Measurement Scales for Absorptive Capacity and Experienced Community of Practice ［J］. *Educational and Psychological Measurement*, 2009, 69 (6): 1035 –

1058.

[148] Camisón C. , Forés B. Knowledge Absorptive Capacity: New Insights for Its Conceptualization and Measurement [J]. *Journal of Business Research*, 2010, 63 (7): 707 –715.

[149] Carlo Salvato, Salvatore Sciascia, Fernando G. , Alberti. The Microfoundations of Corporate Entrepreneurship as an Organizational Capability [J]. *International Journal of Entrepreneurship and Innovation*, 2009, 10 (4): 279 – 289.

[150] Carpenter M. A. , Geletkanycz M A. , Sanders W G. Upper Echelons Research Revisited: Antecedents, Elements, and Consequences of Top Management Team Composition [J]. *Journal of Management*, 2004, 30 (6): 749 – 778.

[151] Cassiman B. , Veugelers R. In Search of Complementarity in Innovation Strategy: Internal R&D and External Knowledge Acquisition [J]. *Management Science*, 2006, 52 (1): 68 –82.

[152] Chatterjee D. , Grewal R. , Sambamurthy V. Shaping Up for E – Commerce: Institutional Enablers of the Organizational Assimilation of Web Technologies [J]. *MIS Quarterly*, 2002a, 26 (2): 65 –89.

[153] Chen J. , Chen Y. , Vanhaverbeke W. The Influence of Scope, Depth, and Orientation of External Technology Sources on the Innovative Performance of Chinese Firms [J]. *Technovation*, 2011, 31 (8): 362 –373.

[154] Chesbrough H. Open innovation: The New Imperative for Creating and Profiting from Technology [M]. *Boston, MA: Harvard Business School Press*, 2003.

[155] Chesbrough H. W. Making Sense of Corporate Venture Capital [J].

Harvard Business Review, 2002, 80 (3): 90 – 99.

[156] Christopher S. , Tuggle, Karen Schnatterly, Richard A Johnson. Attention Patterns in the Boardroom: How Board Composition and Processes Affect Discussion of Entrepreneurial Issues [J]. *Academy of Management Journal*, 2010, 53 (3): 550 – 571.

[157] Cohen W. M. , Levinthal D A. Absorptive Capacity: A New Perspective on Learning and Innovation [J]. *Administrative Science Quarterly*, 1990, 35 (1): 128 – 152.

[158] Cohen W. M. , Levinthal D A. Fortune Favors the Prepared Firm [J]. *Management Science*, 1994, 40 (2): 227 – 251.

[159] Cohen W. M. , Levinthal D A. Innovation and learning: The two faces of R&D [J]. *Economic Journal*, 1989, 99 (397): 569 – 596.

[160] Corral de Zubielqui G. , Jones J. , Lester L. Knowledge Inflows from Market – and Science – Based Actors, Absorptive Capacity, Innovation and Performance: A Study of SMEs [J]. *International Journal of Innovation Management*, 2016, 20 (6): 1 – 31.

[161] Covin J. G. , Miles M P. Corporate Entrepreneurship and the Pursuit of Competitive Advantage [J]. *Entrepreneurship: Theory and Practice*, 1999, 23 (3): 47 – 63.

[162] Covin J. G. , Slevin D P. A Conceptual Model of Entrepreneurship as Firm Behavior [J]. *Entrepreneurship: Theory & Practice*, 1991, 17 (4): 7 – 25.

[163] Crossan M. , Berdrow I. Organizational Learning and Strategic Renewal [J]. *Strategic Management Journal*, 2003 (24): 1087 – 1105.

[164] Dahlander L. , Frederiksen L. The Core and Cosmopolitans: A Rela-

tional View of Innovation in User Communities [J]. *Organization Science*, 2012, 23 (4): 988 – 1007.

[165] Dahlander L. , O'Mahony S C. , Gann D. One Foot in, Ane Foot out: How Does Individuals'External Search Breadth Affect Innovation Outcomes? [J]. *Boston U. School of Management Research Paper*, 2013 (12): 1 – 40.

[166] Danneels E. Organizational Antecedents of Second – order Competences [J]. *Strategic Management Journal*, 2008, 29 (5): 519 – 543.

[167] Danneels E. The Dynamics of Product Innovation and Firm Competences [J]. *Strategic Management Journal*, 2002, 23 (12): 1095 – 1121.

[168] Deepinder S. Bajwa, Arun Rai. An Empirical Investigation of the Relationship Between Top Management Support, Information System Management Support, Vendor/Consultant Support and Executive Information Systems Success [C]. *Proceedinge of the Twenty – Seventh Annual Hawaii International Conference on System Sciences*, 1994, 3 (1): 145 – 154.

[169] Dess G. G. , Lumpkin G T. The Role of Entrepreneurial Orientation in Stimulating Effective Corporate Entrepreneurship [J]. *Academy of Management Executive*, 2005, 19 (1): 147 – 156.

[170] Dhanaraj C. , Lyles M. , Steensma K. , Tihanyi L. The Dynamics of Relational Embeddedness: Tacit and Explicit Learning in International Joint Ventures [J]. *Journal of International Business Studies*, 2004, 35 (5): 428 – 443.

[171] Dittrich K. , Duysters G. Networking as a Means to Strategy Change: The Case of Open Innovation in Mobile Telephony [J]. *The Journal of Product Innovation Management*, 2007, 24 (6): 510 – 521.

[172] Duysters G. M. , De Man A P. Transitory Alliances: An Instrument for Surviving Turbulent Industries? [J]. *R&D Management*, 2003, 33 (1):

49 – 58.

[173] Eisenhardt K. M. , Martin J A. Dynamic Capabilities: What Are They? [J]. *Strategic Management Journal*, 2000 (21): 1105 – 1121.

[174] Encarnacion García – Sánchez, Víctor Jesús García – Morales, Rodrigo Martín – Rojas. Analysis of the Influence of the Environment, Stakeholder Integration Capability, Absorptive Capacity, and Technological Skills on Organizational Performance Through Corporate Entrepreneurship [J]. *International Entrepreneurship and Management Journal*, 2018, 14 (2): 345 – 377.

[175] Escribano A. , Fosfuri A. , Tribo J A. Managing External Knowledge Flows: The Moderating Role of Absorptive Capacity [J]. *Research Policy*, 2009 (39): 96 – 105.

[176] Fabrizio K. R. Absorptive Capacity and the Search for Innovation [J]. *Research Policy*, 2009, 38 (2): 255 – 267.

[177] Faems D. , Van Looy B. , Debackere K. Interorganizational Collaboration and Innovation: Toward a Portfolio Approach [J]. *Journal of Product Innovation Management*, 2005, 22 (3): 238 – 250.

[178] Ferreras – Méndez J. L. , Fernández – Mesa A, Alegre J. The Relationship between Knowledge Search Strategies and Absorptive Capacity: A Deeper Look [J]. *Technovation*, 2016 (3): 1 – 41.

[179] Ferreras – Méndez J. L. , Newell S. , Fernández – Mesa A. , Alegre J. Depth and Breadth of External Knowledge Search and Performance: The Mediating Role of Absorptive Capacity [J]. *Industrial Marketing Management*, 2015 (47): 86 – 97.

[180] Flatten T. C. , Engelen A. , Zahra S. A. , Brettel M. A Measure of Absorptive Capacity: Scale Development and Validation [J]. *European Manage-*

ment Journal, 2011, 29 (2): 98 – 116.

[181] Fleming L., Sorenson O. Science as a Map in Technological Search [J]. *Social Science Electronic Publishing*, 2004 (25): 909 – 928.

[182] Fleming L., Waguespack D. M. Brokerage, Boundary Spanning, and Leadership in Open Innovation Communities [J]. *Organization Science*, 2007, 18 (2): 165 – 180.

[183] Fosfuri A., Tribó J A. Exploring the Antecedents of Potential Absorptive Capacity and Its Impact on Innovation Performance [J]. *Omega*, 2008, 36 (2): 173 – 187.

[184] Foss N. J., Pedersen T. Organizing Knowledge Processes in the Multinational Corporation: An Introduction [J]. *Journal of International Business Studies*, 2004 (35): 340 – 349.

[185] Fuentes Fuentes M. M., Bojica A. M., Ruiz A. M. La Orientación Emprendedora En Las Iniciativas Empresariales De Mujeres: Influencia De Las Relaciones Externas [J]. *Cuadernos de Estudios Empresariales*, 2010 (20): 35 – 53.

[186] Gallego J., Rubalcaba L., Suarez C. Knowledge for Innovation in Europe: the Role of External Knowledge on Firms Cooperation Strategies [J]. *Journal of Business Research*, 2013, 66 (10): 2034 – 2041.

[187] Galy E., Sauceda M J. Post – implementation Practices of ERP Systems and Their Relationship to Financial Performance [J]. *Information & Management*, 2014, 51 (3): 310 – 319.

[188] Garriga H., von Krogh G., Spaeth S. How Constraints and Knowledge Impact Open Innovation [J]. *Strategic Management Journal*, 2013, 34 (9): 1134 – 1144.

[189] Garud, Jain, Kumaraswamy. Institutional Entrepreneurship in the Sponsorship of Common Technological Standards: The Case of Sun Microsystems and Java [J]. *Academy of Management Journal*, 2002, 45 (1): 1 – 42.

[190] Gavetti G. , Levinthal D. Looking Forward and Looking Backwards: Cognitive and Experiential Search [J]. *Administrative Science Quarterly*, 2000 (45): 113 – 137.

[191] Gavetti G. , Rivkin J W. On the Rrigin of Strategy: Action and Cognition over Time [J]. *Organization Science*, 2007 (18): 420 – 439.

[192] Gerard George, Reddi Kotha, Yanfeng Zheng. Entry into Insular Domains: A Longitudinal Study of Knowledge Structuration and Innovation in Biotechnology Firms [J]. *Journal of Management Studies*, 2008, 45 (8): 1448 – 1474.

[193] Gergana Todorova, Boris Durisin. Absorptive Capacity: Valuing A Reconceptualization [J]. *Academy of Management Review*, 2007 (3): 774 – 786.

[194] Giuliani E. , Bell M. The Micro – Determinants of Micro – Level Learning and Innovation: Evidence from a Chilean Wine Cluster [J]. *Research Policy*, 2005 (34): 47 – 68.

[195] Glaser L. , Fourné S. P. , Elfring T. Achieving Strategic Renewal: The Multi – Level Influences of Top and Middle Managers' Boundary – Spanning [J]. *Small Business Economics*, 2015, 45 (2): 305 – 327.

[196] Grant R. M. Prospering in Dynamically – Competitive Environments: Organizat – ional Capability as Knowledge Integration [J]. *Organization Science*, 1996 (7): 375 – 387.

[197] Grant R. M. Toward a Knowledge – Based Theory of the Firm [J].

Strategic Management Journal, 1996 (17): 109 – 122.

[198] Grillitsch M. , Nilsson M. Innovation in Peripheral Regions: Do Collaborations Compensate for A Lack of Local Knowledge Spillovers? [J]. *The Annals of Regional Science*, 2015, 54 (1): 1 – 23.

[199] Grimpe C. , Sofka W. Search Patterns and Absorptive Capacity: Low and High – technology Sectors in European Countries [J]. *Research Policy*, 2009, 38 (3): 495 – 506.

[200] Gulati R. , Lavie D. , Singh H. The Nature of Partnering Experience and the Gains from Alliances [J]. *Strategic Management Journal*, 2009, 30 (11): 1213 – 1233.

[201] Gulati R. , Wohlgezogen F, Zhelyazkov P. The Two Facets of Collaboration: Cooperation and Coordination in Strategic Alliances [J]. *Academy of Management Annals*, 2012, 6 (1): 531 – 583.

[202] Guth W. D. , Ginsberg A. Guest Editor Introduction: Corporate Entrepreneurship [J]. *Strategic Management Journal*, 1990 (11): 5 – 15.

[203] Hagedoorn J. , Duysters G. External Sources of Innovative Capabilities: The Preferences for Strategic Alliances or Mergers and Acquisitions [J]. *Journal of Management Studies*, 2002, 39 (2): 167 – 188.

[204] Hambrick D. C. , Mason P A. Upper Echelons: The Organization as a Reflection of its Top Managers [J]. *Academy of Management Review*, 1984, 9 (2): 193 – 206.

[205] Hayton J C. Competing in the New Economy: The Effect of Intellectual Capital on Corporate Entrepreneurship in High Technology New Ventures [J]. *R&D Management*, 2005, 35 (2): 137 – 155.

[206] Heavey C. , Simsek Z. , Roche F. , Kelly A. Decision Comprehen-

siveness and Corporate Entrepreneurship: The Moderating Role of Managerial Uncertainty Preferences and Environmental Dynamism [J]. *Journal of Management Studies*, 2009, 46 (8): 1289 – 1314.

[207] Heavey C., Simsek Z. Top Management Compositional Effects on Corporate Entrepreneurship: The Moderating Role of Perceived Technological Uncertainty [J]. *Journal of Product Innovation Management*, 2013, 46 (8): 1289 – 1314.

[208] Heeley M. B., Jacobson R. The Recency of Technological Inputs and Financi – al Performance [J]. *Strategic Management Journal*, 2008 (29): 723 – 744.

[209] Helfat C. E., Finkelstein S., Mitchell W., Peteraf M., Singh H., Teece D., Winter S G. Dynamic capabilities: Understanding Strategic Change in Organizations [M]. *Oxford: Blackwell*, 2007.

[210] Henderson R. M., Cockburn I M. Measuring Competence? Exploring Firm Effects in Pharmaceutical Research [J]. *Strategic Management Journal*, 1994 (15): 63 – 84.

[211] Henry Lopez – Vega, Fredrik Tell, Wim Vanhaverbeke. Where and How to Search? Search Paths in Open Innovation [J]. *Research Policy*, 2016 (45): 125 – 136.

[212] He Z., Wong P. Exploration vs. Exploitation: An Empirical Test of the Ambidexterity Hypothesis [J]. *Organization Science*, 2004, 15 (4): 481 – 494.

[213] Hitt M. A., Ireland R. D., Sirmon D. G., Trahms C. A. Strategic Entrepreneurship: Creating Value for Individuals, Organizations, and Society [J]. *The Academy of Management Perspectives*, 2011, 25 (2): 57 – 75.

[214] Homburg C. , Krohmer H. , Workman J P. Strategic Consensus and Performance: The Role of Strategy Type and Market – related Dynamism [J]. *Strategic Management Journal*, 1999 (20): 339 – 357.

[215] Hornsby J. S. , Kuratko D. F. , Shepherd D. A. , Bott J. P. Managers'Corporate Entrepreneurial Actions: Examining Perception and Position [J]. *Journal of Business Venturing*, 2009 (24): 236 – 247.

[216] Hornsby J. S. , Naffziger D. W. , Kuratko D. F. , Montagno R. V. An Interactive Model of the Corporate Entrepreneurship Process [J]. *Entrepreneurship Theory and Practice*, 1993, 17 (2): 29 – 38.

[217] Huang J. , Li Y. Slack Resources in Team Learning and Project Performance [J]. *Journal of Business Research*, 2012, 65 (3): 381 – 388.

[218] Huang K. F. , Lin K. H. , Wu L. Y. Absorptive Capacity and Autonomous R&D Climate Roles in Firm Innovation [J]. *Journal of Business Research*, 2015, 68 (1): 87 – 94.

[219] Hu Q. , Dinev T. , Hart P. Managing Employee Compliance with Information Security Policies: The Critical Role of Top Management and Organizational Culture [J]. *Decision Science*, 2012, 43 (4): 615 – 660.

[220] Ilídio Barreto. Dynamic Capabilities: A Review of Past Research and an Agenda for the Future [J]. *Journal of Management*, 2010, 36 (1): 256 – 280.

[221] Ireland D. , Reutzel C. , Webb J. Editor's Note: Entrepreneurship Research in AMJ: What Has Been Published, and What Might the Future Hold? [J]. *Academy of Management Journal*, 2005 (48): 556 – 564.

[222] Jansen J. J. P. , Simsek Z. , Cao Q. Ambidexterity and Performance in Multi – unit Contexts: Cross – level Moderating Effects of Structural and Re-

source Attributes [J]. *Strategic Management Journal*, 2012, 33 (11): 1286 – 1303.

[223] Jansen J. J. P. , Van den Bosch F. A. J. , Volberda H. W. Exploratory Innovation, Exploitative Innovation, and Performance: Effects of Organization Antecedents and Environmental Moderators [J]. *Management Science*, 2006, 52 (11): 1661 – 1674.

[224] Jansen J. J. P. , Van den Bosch F. A. J. , Volberda H W. Managing Potential and Realized Absorptive Capacity: How Do Organizational Antecedents Matter? [J]. *Academy of Management Journal*, 2005 (48): 999 – 1015.

[225] Jarvenpaa S. L. , Ives B. Executive Involvement and Participation in the Management of Information Technology [J]. *MIS Quarterly*, 1991, 15 (2): 205 – 227.

[226] Jason Li – Ying, Wim Vanhaverbeke, Wilfred Schoenmakers. Exploration and Exploitation in Innovation: Reframing the Interpretation [J]. *Creativity and Innovation Management*, 2008, 17 (2): 107 – 126.

[227] Jaworski B. J. , Kohli A. K. Market Orientation: Antecedents and Consequences [J]. *Journal of Marketing*, 1993, 57 (3): 53 – 71.

[228] Jennings D. F. , Lumpkin J. R. Functioning Modeling Corporate Entrepreneurship: An Empirical Integrative Analysis [J]. *Journal of Management*, 1989, 15 (3): 485 – 502.

[229] Jiménez – Barrionuevo M. M. , García – Morales V J. , Molina L M. Validation of An Instrument to Measure Absorptive Capacity [J]. *Technovation*, 2011, 31 (5): 190 – 202.

[230] Jing Zhang, Yanling Duan. The Impact of Different Types of Market Orientation on Product Innovation Performance: Evidence from Chinese Manufac-

turers [J]. *Management Decision*, 2010, 48 (6): 849 – 867.

[231] Joshua R. A. Ndiege, Marlien E. Herselman, Stephen V. Flowerday. Absorptive Capacity and ICT Adoption Strategies for SMEs: A Case Study in Kenya [J]. *The African Journal of Information Systems*, 2014 (4): 140 – 155.

[232] José Luis Ferreras – Méndez, Anabel Fernández – Mesa, Joaquín Alegre Vidal. The Relationship Between Knowledge Search Strategies and Absorptivecapacity: A Deeper Look [J]. *Technovation*, 2016 (13): 1 – 41.

[233] Justinl, Davis. Firm – Level Entrepreneurship And Performance: An Examination And Extension of Relationships and Measurements of The Entrepreneurial Orientation Construct [D]. *The University of Texas at Arlington*, 2007 (5).

[234] Katila R. , Ahuja G. Something Old, Something New: A Longitudinal Study of Search Behavior and New Product Introduction [J]. *Academy of Management Journal*, 2002, 45 (6): 1183 – 1194.

[235] Katila R. , Chen E. L. Effects of Search Timing on Innovation: The Value of Not Being in Sync with Rivals [J]. *Administrative Science Quarterly*, 2008, 53 (4): 593 – 625.

[236] Kearney, Hisrich, Antoncic. The Mediating Role of Corporate Entrepreneurship for External Environment Effects on Performance [J]. *Journal of Business Economics and Management*, 2013, 14 (1): 328 – 357.

[237] Kellermanns F. W. , Eddleston K. A. Corporate Entrepreneurship in Family Firms: A Family Perspective [J]. *Entrepreneurship Theory and Practice*, 2006, 30 (6): 809 – 830.

[238] Kevin Zheng Zhou, Caroline Bingxin Li. How Does Strategic Orientation Matter in Chinese Firms? [J]. *Asia Pacific Journal of Management*, 2007,

2424）：447 – 466.

[239] Kim L. Crisis Construction and Organizational Leraning: Capability Building in Catching – up at Hyundai Motor [J]. *Organization Science*, 1998 (9)：506 – 521.

[240] Kirzner I. M. Entrepreneurial Discovery and the Competitive Market Process: An Austrian Approach [J]. *Journal of Economic Literature*, 1997, 35 (1)：60 – 85.

[241] Knudsen T. , Srikanth K. Coordinated Exploration: Organizing Joint Search by Multiple Specialists to Overcome Mutual Confusion and Joint Myopia [J]. *Administrative Science Quarterly*, 2014, 59 (3)：409 – 441.

[242] Kogut B. , Zander U. Knowledge of the firm, Combinative Capabilities, and the Replication of Technology [J]. *Organization Science*, 1992 (3)：383 – 397.

[243] Kor, Mesko. Dynamic Managerial Capabilities: Configuration and Orchestration of Top Executives'Capabilities and the Firm'Dominant Logic [J]. *Strategic Management Journal*, 2013 (34)：233 – 244.

[244] Kroll M. , Walters B. A. , Le S. S. The Impact of Board Composition and Top Management Team Ownership Structure on Post – IPO Performance in Young Entrepreneurial Firms [J]. *Academy of Management Journal*, 2007, 50 (5)：1198 – 1216.

[245] Kuratko D. F. , Audretsch D. B. Clarifying the Domains of Corporate Entrepreneurship [J]. *International Entrepreneurship and Management Journal September*, 2013, 9 (3)：323 – 335.

[246] Kuratko D. F. Entreprencurial Leadership in the 21st Century [J]. *Journal of Leadership & Organizational Studies*, 2007, 13 (4)：1 – 11.

［247］Lane P. J. , Lubatkin M. Relative Absorptive Capacity and Interorganizational Learning［J］. *Strategic Management Journal*, 1998（19）: 461 – 477.

［248］Laursen K. , Salter A. J. The Paradox of Openness: Appropriability, External Search and Collaboration［J］. *Research Policy*, 2014, 43（5）: 867 – 878.

［249］Laursen K. , Salter A. Open for Innovation: The Role of Openness in Explaining Innovation Performance among U. K. Manufacturing Firms［J］. *Strategic Management Journal*, 2006, 27（2）: 131 – 150.

［250］Laursen K. , Salter A. Searching High and Low: What Types of Firms Use Universities as A Source of Innovation［J］. *Research Policy*, 2004, 33（8）: 1201 – 1215.

［251］Laursen K. Keep Searching and You'll Find: What Do We Know about Variety Creation through Firms'Search Activities for Innovation［J］. *Industrial and Corporate Change*, 2012, 21（5）: 1181 – 1220.

［252］Lavie D. , Kang J. , Rosenkopf L. The Performance Effects of Balancing Exploration and Exploitation within and across Alliance Domains［J］. *Academy of Management Annual Meeting Proceedings*, 2009（1）: 1 – 6.

［253］Lavie D. Alliance Portfolios and Firm Performance: A Study of Value Creation and Appropriation in the U. S. Software Industry［J］. *Strategic Management Journal*, 2007, 28（12）: 1187 – 1212.

［254］Lavie D. The Competitive Advantage of Interconnected Firms: An Extension of the Resource – based View［J］. *Academy of Management Review*, 2006, 31（3）: 638 – 658.

［255］Leipone A. , Helfat C. E. Innovation Objectives Knowledge Sonrces and the Benefits of Breadth［J］. *Strategic Management Journal*, 2010, 31（2）:

224 – 236.

[256] Lenox M. A. King. Prospects for Developing Absorptive Capacity through Internal Information Provision [J]. *Strategic Management Journal*, 2004 (25): 331 – 345.

[257] Levinthal D. A., March J. G. The myopia of learning [J]. *Strategic Management Journal*, 1993, 14 (S2): 95 – 112.

[258] Liang H. G., Saraf N., Hu Q. Assimilation of Enterprise Systems: The Effect of Institutional Pressures and the Mediating Role of Top Management [J]. *MIS Quarterly*, 2007, 31 (1): 59 – 87.

[259] Liao J., Welsch H, Stoica M. Organizational Absorptive Capacity and Responsiveness: An Empirical Investigation of Growth – oriented SMEs [J]. *Entrepreneurship Theory and Practice*, 2003, 28 (1): 63 – 86.

[260] Lichtenthaler U. Absorptive Capacity, Environmental Turbulence, and the Complementarity of Organizational Learning Processes [J]. *Academy of Management Journal*, 2009, 52 (4): 822 – 846.

[261] Ling Y., Simsek Z., Lubatkin M. H., Veiga J F. Transformational Leadership's Role in Promoting Corporate Entrepreneurship: Examining the CEO – TMT Interface [J]. *Academy of Management Journal*, 2008, 51 (3): 557 – 576.

[262] Lin Z., Yang H., Demirkan I. The Performance Consequences of Ambidexterity in Strategic Alliance Formations: Empirical Investigation and Computational Theorizing [J]. *Management Science*, 2007, 53 (10): 1645 – 1658.

[263] Li Q., Maggitti P., Smith K., Tesluk P. E., Katila R. Top Management Attention to Innovation: The Role of Search Selection and Intensity in New Product Introductions [J]. *Academy of Management Journal*, 2013 (56):

893 – 916.

[264] Lisah, Adams M. High Impact Middle Management: Solutions for Today's Busy Managers [J]. *Harvard Business Review*, 2005, 8 (1): 65 – 78.

[265] Li Y. , Vanhaverbeke W. , Schoenmakers W. Exploration and Exploitation in Innovation: Reframing the Interpretation [J]. *Creativity and Innovation Management*, 2008, 17 (2): 107 – 126.

[266] Lopez – Vega H. , Tell F. , Vanhaverbeke W. Where and How to Search? Search Paths in Open Innovation [J]. *Research Policy*, 2016, 45 (1): 125 – 136.

[267] Lumpkin G. T. , Dess G. G. Clarifying the Entrepreneurial Orientation Construct and Linking it to Performance [J]. *Academy of Management Review*, 1996 (21): 135 – 172.

[268] Malhotra A. , S. Gosain O. A. El Sawy. Absorptive Capacity Configurations in Supply Chains: Gearing for Partner – enabled Market Knowledge Creation [J]. *MIS Quarterly*, 2005 (29): 145 – 187.

[269] March J. G. Exploration and Exploitation in Organizational Learning [J]. *Organization Science*, 1991, 2 (2): 71 – 87.

[270] Margarietha Johanna. Antecedents of Strategic Corporate Entrepreneurship [J]. *European Business Review*, 2012, 24 (5): 400 – 424.

[271] Marius Claus Wehner, Christian Schwens, Rüdiger Kabst. Individual – level Experience and Organizational – level Absorptive Capacity: The Special Case of International New Ventures [J]. *Journal of Business Economics*, 2015, 85 (5): 545 – 568.

[272] Martens M. L. , Jennings J. E. , Jennings P. D. Do the Stories They Tell Get Them the Money They Need? The Role of Entrepreneurial Narratives in

Resource Acquisition [J]. *Academy of Management Journal*, 2007, 50 (5): 1107 – 1132.

[273] Martin – Rojas R., Garcia – Morales V. J., Garcia – Sanchez E. The Influence on Corporate Entrepreneurship of Technological Variables [J]. *Industrial Management & Data Systems*, 2011, 11 (7): 984 – 1005.

[274] Matusik S. F., Heeley M. B. Absorptive Capacity in the Software Industry: Identifying Dimensions That Affect Knowledge and Knowledge Creation Activities [J]. *Journal of Management*, 2005 (31): 549 – 572.

[275] Mauricio Antonio Bedoya Villa, Iván Darío Toro Jaramillo, Bibiana Arango Alzate. Corporate Entrepreneurship and Innovation: A Review and Future Research. Emprendimiento Corporativo e Innovación: Una Revisióny Futuras Líneas de Investigación [D]. *Universidad Pontificia Bolivariana – Medellín*, 2017 (38): 20.

[276] Mercedes Segarra – Ciprés, Juan Carlos Bou – Llusar. External Knowledge Search for Innovation: The Role of Firms' Innovation Strategy and Industry Context [J]. *Journal of Knowledge Management*, 2018, 22 (2): 280 – 298.

[277] Miller D. The Correlates of Entrepreneurship in Three Types of Firms [J]. *Management Science*, 1983, 29 (7): 770 – 791.

[278] Miller J., Fern M. J., Cardinal L. B. The Use of Knowledge for Technological Innovation Within Diversified Firms [J]. *Academy of Management Journal*, 2007, 50 (2): 308 – 326.

[279] Minbaeva D., Pedersen T., Björkman I., Fey C. F., Park H. J. MNC Knowledge Transfer, Subsidiary Absorptive Capacity, and HRM [J]. *Journal of International Business Studies*, 2003 (34): 586 – 599.

[280] Mitchell J. F. Management Development: A Top – down Optimal Approach [J]. *Journal of European Industrial Training*, 1989, 13 (8): 14 – 17.

[281] M. Luisa Flor, Sarah Y. Cooper, María J. Oltra. External Knowledge Search, Absorptive Capacity and Radical Innovation in High – technology Firms [J]. *European Management Journal*, 2018 (36): 183 – 194.

[282] Mowery D. C. , Oxley J. E. Inward Technology Transfer and Competitiveness: The Role of National Innovation Systems [J]. *Cambridge Journal of Economics*, 1995 (19): 67 – 93.

[283] Mueller V. , Rosenbusch N. , Bausch A. Success Patterns of Exploratory and Exploitative Innovation A Meta – analysis of the Influence of Institutional Factors [J]. *Journal of Management*, 2013, 39 (6): 1606 – 1636.

[284] Murovec N. , Prodan I. Absorptive Capacity, Its Determinants, and Influence on Innovation Output: Cross – cultural Validation of the Structural Model [J]. *Technovation*, 2009, 29 (12): 859 – 872.

[285] Naldi L. , Achtenhagen L. , Davidsson P. International Corporate Entrepreneur – ship among SMEs: A Test of Stevenson's Notion of Entrepreneurial Management [J] . *Journal of Small Business Management*, 2015, 53 (3): 780 – 800.

[286] Nason R. S. , McKelvie A. , Lumpkin G. T. The Role of Organizational Size in the Heterogeneous Nature of Corporate Entrepreneurship [J]. *Small Business Economics*, 2015, 45 (2): 279 – 304.

[287] Nelson R. , Winter T. An Evolutionary Theory of Economic Change [M]. *Cambridge MA: Harvard University Press*, 1982.

[288] Nerkar A. , Roberts P. W. Technological and Product – market Experience and the Success of New Product Introductions in the Pharmaceutical Industry

[J]. *Strategic Management Journal*, 2004 (25): 779 – 799.

[289] Nerkar A. Old Is Gold? The Value of Temporal Exploration in the Creation of New Knowledge [J]. *Management Science*, 2003, 49 (2): 211 – 229.

[290] Nicholas Roberts, Pamela Suzanne Galluch, Michael Dinger, Varun Grover. Absorptive Capacity and Information Systems Research: Review, Synthesis, and Directions for Future Research [J]. *MIS Quarterly*, 2012, 36 (2): 625 – 648.

[291] Nickerson J. A. , Zenger T. R. A knowledge-based Theory of the Firm – the Problem – Solving Perspective [J]. *Organization Science*, 2004 (15): 617 – 632.

[292] Nieto M. , Quevedo P. Absorptive Capacity, Technological Opportunity, Knowledge Spillovers, and Innovative Effort [J]. *Technovation*, 2005, 25 (10): 1141 – 1157.

[293] Nihat K. A. Y. A. Corporate Entrepreneurship, Generic Competitive Strategies, and Firm Performance in Small and Medium – Sized Enterprises [J]. *Procedia Social and Behavioral Sciences*, 2015 (207): 662 – 668.

[294] Nootebooma B. , Van Haverbeke W. , Duysters G. Optimal Cognitive Distance and Absorptive Capacity [J]. *Research Policy*, 2007, 36 (7): 1016 – 1034.

[295] Nwankpa J. , Roumani Y. Understanding the Link Between Organizational Learning Capability and ERP System Usage: An Empirical Examination [J]. *Computers in Human Behavior*, 2014 (33): 224 – 234.

[296] Odd Jarl Borch, Einar Lier Madsen. Dynamic Capabilities Facilitating Innovative Strategies in SMEs [J] . *International Journal of Technoentrepreneur-*

ship, 2007, 1 (1): 109 – 125.

[297] Oguz Ali Acar, Jan van den Ende. Knowledge Distance, Cognitive – Search Processes, and Creativity: The Making of Winning Solutions in Science Contests [J]. *Psychological Science*, 2016, 27 (5): 692 – 699.

[298] Pae J. H. , Kim N. , Han J. K. , Yip L. Managing Intraorganizational Diffusion of Innovations: Impact of Buying Center Dynamics and Environments [J]. *Industrial Marketing Management*, 2002, 31 (8): 719 – 726.

[299] Parayitam S. , Guru – Gharana K. K. The Relationship Between Organizational Performance and Performance Ratings of In – role and Extra – role Behaviors [J]. *Academy of Strategic Management Journal*, 2011, 10 (1): 123 – 135.

[300] Pavlou, Sawy. Understanding the Elusive Black Box of Dynamic Capabilities [J]. *Decision Sciences*, 2011 (42): 239 – 273.

[301] Phene A. , Fladmoe – Lindquist K. , Marsh L. Breakthrough Innovations in the U. S. Biotechnology Industry: The Effects of Technological Space and Geographic Origin [J]. *Strategic Management Journal*, 2006, 27 (4): 369 – 388.

[302] Pérez – Aróstegui M. N. , Bustinza – Sánchez F. , Barrales – Molina V. Exploring the Relationship Between Information Technology Competence and Quality Management [J]. *BRQ Business Research Quarterly*, 2015, 18 (1): 4 – 17.

[303] Qian H. , Acs Z. J. An Absorptive Capacity Theory of Knowledge Spillover Entrepreneurship [J]. *Small Business Economics*, 2013, 40 (2): 185 – 197.

[304] Ragu – Nathan B. S. , Apigian C. H. , Ragu – Nathan T. S. , Tu

Q. A Path Analytic Study of the Effect of Top Management Support for Information Systems Performance [J]. *Omega*, 2004, 32 (6): 459 –471.

[305] Ram J. , Corkindale D. , Wu M. L. Implementation Critical Success Factors (CSFs) for ERP: Do They Contribute to Implementation Success and Post – implementation Performance? [J]. *International Journal of Production Economics*, 2013, 144 (1): 157 – 174.

[306] Reagans R. , McEvily B. Network Structure and Knowledge Transfer: The Effects of Cohesion and Range [J]. *Administrative Science Quarterly*, 2003 (48): 240 – 267.

[307] Real J. C. , Leal A. , Roldan J. L. Information Technology As a Determinant of Organizational Learning and Technological Distinctive Competencies [J]. *Industrial Marketing Management*, 2006 (35): 505 – 521.

[308] Reid S. E. , de Brentani U. The Fuzzy front End of New Product Development for Discontinuous Innovations: A Theoretical Model [J]. *Journal of Product Innovation Management*, 2004, 21 (3): 170 – 184.

[309] Reza Saeedi M. , Dadfar H. , Brege S. The Impact of Inward International Licensing on Absorptive Capacity of SMEs [J]. *International Journal of Quality and Service Sciences*, 2014, 6 (2/3): 164 – 180.

[310] Richard O. C. , Barnett T. , Dwyer S. , Chadwick K. Cultural Diversity in Management, Firm Performance, and the Moderating Role of Entrepreneurial Orientation Dimensions [J] . *Academy of Management Journal*, 2004 (47): 255 – 266.

[311] Rita Dorothea Gunther McGrath. Exploratory Learning, Innovative Capacity and Managerial Oversight [J]. *Academy of Management Journal*, 2001, 44 (1): 118 – 131.

[312] Ritala P. , Hurmelinna – Laukkanen P. Incremental and Radical Innovation in Coopetition—The Role of Absorptive Capacity and Appropriability [J]. *Journal of Product Innovation Management*, 2013, 30 (1): 154 – 169.

[313] Robert E. H. , Michael A. H. , Richard A. J. , Wayne G. Conflicting voices: The Effects of Institutional Ownership Heterogeneity and Internal Governance on Corporate Innovation Strategies [J]. *Academy of Management Journal*, 2002, 45 (4): 697 – 716.

[314] Romero – Martínez A. M. , Fernández – Rodríguez Z. , VázquezInchausti E. Exploring Corporate Entrepreneurship in Privatized Firms [J]. *Journal of World Business*, 2010, 45 (1): 2 – 8.

[315] Rosenbusch N. , Brinckmann J. , Bausch A. Is Innovation Always Beneficial? A Meta – analysis of the Relationship Between Innovation and Performance in SMEs [J]. *Journal of Business Venturing*, 2011 (26): 441 – 457.

[316] Rosenkopf L. , Nerkar A. Beyond Local Search: Boundary – spanning, Exploration, and Impact in the Optical Disk Industry [J]. *Strategic Management Journal*, 2001, 22 (4): 287 – 306.

[317] Rothaermel F. , Alexandre M. Ambidexterity in Technology Sourcing: The Moderating Role of Absorptive Capacity [J]. *Organization Science*, 2009, 20 (4): 759 – 780.

[318] Sakhdari K. , Burgers H. , Davidsson P. Capable But Not Able: The Effect of Institutional Context and Search Breadth on the Absorptive Capacity – corporate Entrepreneurship Relationship [J]. *Australian Centre for Entrepreneurship Research Exchange Conference*, 2014: 1 – 21.

[319] Sakhdari K. , Burgers H. , Davidsson P. The Moderating Role of Entrepreneurial Management in the Relationship between Absorptive Capacity and

Corporate Entrepreneurship: An Attention – Based View [C]. *In Proceedings of the Australian Centre for Entrepreneurship Research Exchange Conference*, 2014: 975 – 994.

[320] Sakhdari K. , Farsi J. Y. Business Partners and Corporate Entrepreneurship in Developing Countries [J]. *International Journal of Management and Enterprise Development*, 2016, 15 (1): 61 – 77.

[321] Sakhdari K. , Henri Burgers, Jahangir Yadollahi Farsi, Sasan Rostamnezhad. Shaping the Organisational Context for Corporate Entrepreneurship and Performance in Iran: The Interplay Between Social Context and Performance Management [J]. *The International Journal of Human Resource Management*, *Published online*, 02 Nov 2017.

[322] Sakhdari K. Corporate Entrepreneurship: A Review and Future Research Agenda [J]. *Technology Innovation Management Review*, 2016, 6 (8): 6 – 18.

[323] Salvador Bueno, M. Dolores Gallego. Managing Top Management Support in Complex Information Systems Projects an End – user Empirical Study [J]. *Journal of Systems and Information Technology*, 2017, 19 (1/2): 151 – 164.

[324] Saraha. Low. Defining and Measuring Entrepreneurship for Regional Research: A New Approach [D]. *University of Illinois at Urbana – Champaign*, 2009.

[325] Sharma P. , Christman J. J. Toward A Reconciliation of the Definitional Issues in the Field of Corporate Entrepreneurship [J]. *Entrepreneurship Theory and Practice*, 1999, 23 (3): 11 – 27.

[326] Shijia Gao, William Yeoh, Siew Fan Wong, Rens Scheepers. A Lit-

erature Analysis of the Use of Absorptive Capacity Construct in ISResearch [J]. *International Journal of Information Management*, 2017 (37): 36 – 42.

[327] Sidhu J. S., Commandeur H. R., Volberda H. W. The Multifaceted Nature of Exploration and Exploitation: Value of Supply, Demand and Spatial Search for Innovation [J]. *Organization Science*, 2007, 18 (1): 20 – 38.

[328] Sidhu J. S., Volberda H. W., Commandeur H. R. Exploring Exploration Orientation and its Determinants Some Empirical Evidence [J]. *Journal of Management Studies*, 2004, 41 (6): 913 – 932.

[329] Sila I. Factors Affecting the Adoption of B2B e – commerce Technologies [J]. *Electronic Commerce Research*, 2013, 13 (2): 199 – 236.

[330] Simsek Z., Lubatkin M. H., Veiga J. F., Dino R. N. The Role of An Entrepreneurially Alert Information System in Promoting Corporate Entrepreneurship [J]. *Journal of Business Research*, 2009, 62 (8): 810 – 817.

[331] Simsek Z., Veiga J. F., Lubatkin M. H. The Impact of Managerial Environmental Perceptions on Corporate Entrepreneurship: Towards Understanding Discretionary Slack's Pivotal Role [J]. *Journal of Management Studies*, 2007, 44 (8): 1398 – 1424.

[332] Simsek Z. CEO Tenure and Organizational Performance: An Intervening Model [J]. *Strategic Management Journal*, 2007, 28 (6): 653 – 662.

[333] Sirmon D. G., Hitt M. A., Ireland R. D. Managing Firm Resources in Dynamic Environments to Create Value: Looking Inside the Black Box [J]. *Academy of Management Review*, 2007 (32): 273 – 292.

[334] Sofka W., Grimpe C. Specialized Search and Innovation Performance—Evidence across Europe [J]. *R&D Management*, 2010, 40 (3): 310 – 323.

[335] Soliman K. S. , Janz B. D. An Exploratory Study to Identify the Critical Factors Affecting the Decision to Establish Internet – based Interorganizational Information Systems [J]. *Information & Management*, 2004, 41 (6): 697 – 706.

[336] Štemberger M. I. , Manfreda A. , Kovacic A. Achieving Top Management Support with Business Knowledge and Role of IT/IS Personnel [J]. *International Journal of Information Management*, 2011, 31 (5): 428 – 436.

[337] Stephanie Duchek. Enhancing Absorptive Capacity for Innovation and Change: The Role of Structural Determinants [J]. *Journal of Change Management*, 2015, 15 (2): 142 – 160.

[338] Stevenson H. H. , Jarillo J. C. A Paradigm of Entrepreneurship: Entrepreneurial Management [J]. *Strategic Management Journal*, 1990 (11): 17 – 27.

[339] Sun P. Y, Anderson M H. An Examination of the Relationship Between Absorptive Capacity and Orgnizational Learning, and Proposed Integration [J]. *International Journal of Management Reviews*, 2010, 12 (2): 130 – 150.

[340] Teece D. J. , Pisano G. , Shuen A. Dynamic Capabilities and Strategic Management [J]. *Strategic Management Journal*, 1997 (18): 509 – 533.

[341] Teece D. J. Explicating Dynamic Capabilities: the Nature and Microfoundations of (Sustainable) Enterprise Performance [J]. *Strategic Management Journal*, 2007, 28 (13): 1319 – 1350.

[342] Teng B. S. Corporate Entrepreneurship Activities through Strategic Alliances: A Resource – Based Approach toward Competitive Advantage [J]. *Journal of Management Studies*, 2007, 44 (1): 119 – 142.

[343] Ter Wal A. L. J. , Criscuolo P. , Salter A. , Making A Marriage of

Materials: the Role of Gatekeepers and Shepherds in the Absorption of External Knowledge and Innovation Performance [J]. *Research Policy*, 2017, 46 (5): 1039 – 1054.

[344] Thorgren S. , Wincent J. , Örtqvist D. Unleashing Synergies in Strategic Networks of SMEs: The Influence of Partner Fit on Corporate Entrepreneurship [J]. *International Small Business Journal*, 2012, 30 (5): 453 – 471.

[345] Tim G. , Schweisfurth, Christina Raasch. Absorptive Capacity for Need Knowledge: Antecedents and Effects for Employee Innovativeness [J]. *Research Policy*, 2018 (47): 687 – 699.

[346] Tripsas M. , Gavetti G. Capabilities, Cognition and Inertia: Evidence from Digital Imaging [J]. *Strategic Management Journal*, 2000 (21): 1147 – 1162.

[347] Turner T. , Pennington Ⅲ W W. Organizational Networks and the Process of Corporate Entrepreneurship: How the Motivation, Opportunity, and Ability to Act Affect Firm Knowledge, Learning, and Innovation [J]. *Small Business Economics*, 2015, 45 (2): 447 – 463.

[348] Van Wijk R. , Van den Bosch F. A. J. , Volberda H. W. Knowledge and networks [M]. Ltd Oxford, 2003. Easterby – Smith M A. , Lyles (Eds.), Blackwell. The Blackwell Handbook of Organizational Learning and Knowledge Management [J]. *International Journal of Information Management*, 2006, 26 (4): 352 – 353.

[349] Volberda H. W. , Foss N. J. , Lyles M. A. Absorbing the Concept of Absorptive Capacity: How to Realize Its Potential in the Organization Field [J]. *Organization Science*, 2010, 21 (4): 931 – 951.

[350] Wadhwa A. , Kotha S. Knowledge Creation through External Vente-

ring: Evidence from the Telecommunications Equipment Manufacturing Industry [J]. *Academy of Management Journal*, 2006, 49 (4): 819 –835.

[351] Wang C. L. , Ahmed P. K. Dynamic Capabilities: A Review and Research Agenda [J]. *International Journal of Management Reviews*, 2007 (9): 31 –51.

[352] Wang Y. K. M. , Chung C. C. , Lim D. S. The Drivers of International Corporate Entrepreneurship: CEO Incentive and CEO Monitoring Mechanisms [J]. *Journal of World Business*, 2015, 50 (4): 742 –753.

[353] Wei L. Q. , Ling Y. CEO Characteristics and Corporate Entrepreneurship: Evidence from China [J]. *Journal of Business Research*, 2015, 68 (6): 1157 –1165.

[354] Wiklund J. , Shepherd D. Knowledge – based Resources, Entreprenurial Orientation and the Performance of Small and Medium – sized Business [J]. *Strategic Management Journal*, 2003, 24 (13): 1307 –1314.

[355] Winter S. G. Understanding Dynamic Capabilities [J]. *Strategic Management Journal*, 2003 (24): 991 –995.

[356] Yiu D. W. , Lau C. M. , Bruton G. D. International Venturing by Emerging Economy Firms: The Effects of Firm Capabilities, Home Country Networks, and Corporate Entrepreneurship [J]. *Journal of International Business Studies*, 2007, 38 (4): 519 –540.

[357] Yiu D. W. , Lau C. M. Corporate Entrepreneurship as Resource Capital Configuration in Emerging Market Firms [J]. *Entrepreneurship Theory and Practice*, 2008, 32 (1): 37 –57.

[358] Young R. , Poon S. Top Management Support—Almost Always Necessary and Sometimes Sufficient for Success: Findings from a Fuzzy Set Analysis

[J]. *International Journal of Project Management*, 2013, 31 (7): 943 – 957.

[359] Zahra S. A. , Covin J. G. Contextual Influences on the Corporate Entrepreneur – ship Performance Relationship: A Longitudinal Analysis [J]. *Journal of Business Venturing*, 1995, 10 (1): 43 – 58.

[360] Zahra S. A. , Filatotchev I. , Wright M. How Do Threshold Firms Sustain Corporate Entrepreneurship? The Role of Boards and Absorptive Capacity [J]. *Journal of Business Venturing*, 2009, 24 (3): 248 – 260.

[361] Zahra S. A. , George G. Absorptive Capacity: A Review, Reconceptualization, and Extension [J]. *Academy of Management Review*, 2002, 27 (2): 185 – 203.

[362] Zahra S. A. , Neubaum D. O. , Huse M. Entrepreneurship in Medium – Size Companies: Exploring the Effects of Ownership and Governance Systems [J]. *Journal of Management*, 2000, 26 (5): 947 – 976.

[363] Zahra S. A. , Nielsen A P. Sources of Capabilities, Integration and Technology Commercialization [J]. *Strategic Management Journal*, 2002, 23 (5): 377 – 398.

[364] Zahra S. A, Sapienza H. J, Davidsson P. Entrepreneurship and Dynamic Capabilities: A Review, Model and Research Agenda [J]. *Journal of Management Studies*, 2006, 43 (4): 917 – 955.

[365] Zahra S. A. A Conceptual Model of Entrepreneurship as FirmBehavior: A Critique and Extension [J]. *EntrepreneurshipTheory and Practice*, 1993, 39 (6): 5 – 21.

[366] Zahra S. A. Corporate Entrepreneurship as Knowledge Creation and Conversion: The Role of Entrepreneurial Hubs [J]. *Small Business Economics*, 2015, 44 (4): 727 – 735.

[367] Zahra S. A. Goverance, Ownership, and Corporate Entrepreneurship: The Moderating Impact of Industry Technological Opportunities [J]. *Academy of Management Journal*, 1996, 39 (6): 1713 –1735.

[368] Zahra S. A. Predictors and Financial Outcomes of Corporate Entrepreneurship: An Exploratory Study [J]. *Journal of Business Venturing*, 1991, 6 (4): 259 –285.

[369] Zenlin K. , Van den Bosch F. A. J. , Volberda H. W. The Influence of Top Management Team's Corporate Governance Orientation on Strategic Renewal Trajectories: A Longitudinal Analysis of Royal Dutch Shell plc, 1907 –2004 [J]. *Journal of Management Studies*, 2011, 48 (7): 984 – 1014.

[370] Zhang Y. , Li H. Y. Innovation Search of New Ventures in A Technology Cluster: The Role of Ties with Service Inter – mediaries [J]. *Srategic Management Journal*, 2010, 31 (1): 88 – 109.

附录

跨界搜寻、吸收能力与公司创业研究调研问卷

尊敬的女士/先生:

您好!非常感谢您在百忙之中抽出时间来完成此问卷!

我们希望通过以下问题,深入了解当前国内企业的跨界搜寻、吸收能力与公司创业的关系,以期为我国企业在如何更优质地进行跨界搜寻与增强吸收能力,进而开展更多公司创业活动提供指导性建议。本调研问卷中所涉及的一切信息仅供学术研究使用,在任何情况下都会对被调研企业和高管人员的资料严格保密。再次感谢您的支持与合作!

问卷填写说明:

1. 问卷中的题项恳切希望贵公司的董事长、总经理或其他高级管理人员基于公司实际情况作答,在问卷填写过程中,某些题项可能需要公司技术、财务和市场等部门负责人的协助;

2. 问卷中每题均请作答,在相应□处画√或在＿＿＿＿＿＿＿＿处填写;

3. 如无特殊说明,题项均为单选。

第一部分：公司基本信息

1. 贵公司的所有权性质：

□国有及国有控股；□集体和股份合作；□私营/民营控股；□港澳台和外商投资；□个人独资/合伙；□其他

2. 贵公司的成立年限：

□1 年及以下；□2～5 年；□6～10 年；□11～15 年；□16～20 年；□21 年及以上

3. 贵公司现有员工数：

□1～50 人；□51～100 人；□101～500 人；□501～1000 人；□1001～1500 人；□1501～2000 人；□2001 人以上

4. 贵公司所在地区：

□东部地区；□中部地区；□西部地区

5. 贵公司所属行业：

□高科技；□传统制造；□建筑/房产；□商贸/服务；□其他

注：高科技指计算机/软件/网络/通信/电子/生物制药/高分子/化工等科技含量高的产业；

传统制造指机械/设备/建材/仪表/纺织等科技含量低的产业；

商贸/服务指运输仓储/创意/会务/会展/旅游/金融/教育/餐饮等。

6. 贵公司所处发展阶段：

□创业初期：企业新创，尚未形成稳定的利润来源，效益不稳定；

□成长阶段：企业产品和服务结构基本确定，经营步入正轨，效益稳步快速提升；

□成熟阶段：企业产品和服务结构稳定，销售额和利润增长速度趋缓；

□转型阶段：企业产品和服务市场萎缩，通过业务转型寻求再次腾飞。

第二部分：企业家基本信息

1. 您的性别：□男；□女

2. 您的年龄：

□25 岁以下；□26～35 岁；□36～45 岁；□46～59 岁；□60 岁以上

3. 您的受教育水平：

□专科及以下；□本科；□硕士研究生；□博士研究生

4. 您的专业背景：

□技术类；□经济、管理类；□其他_____

5. 您在本公司工作年限：

□1 年及以下；□2～5 年；□6～10 年；□11～15 年；□16～20 年；□20 年及以上

6. 您作为高层管理者已有多长时间：

□1 年及以下；□2～5 年；□6～10 年；□11～15 年；□16～20 年；□20 年及以上

第三部分：研究变量测量信息

填写说明：以下题项是有关贵公司跨界搜寻活动的调查，所有题项均为单选题，请您从中选择与实际情况最相符的答案，并在相应分值上打"√"。

编号	问题陈述	完全不同意	基本不同意	一般	比较同意	完全同意
	科技驱动型跨界搜寻					
1-1	公司经常与高校开展联合人才培训活动	1	2	3	4	5
1-2	公司经常与政府科技部门咨询产业发展政策与趋势	1	2	3	4	5
1-3	公司经常向研究机构咨询技术趋势	1	2	3	4	5
1-4	公司研发部门时刻关注技术标准、专利等信息更新状况	1	2	3	4	5
	市场驱动型跨界搜寻					
1-5	公司经常吸纳行业协会/商会提供的市场信息	1	2	3	4	5
1-6	公司会采用咨询公司提供的信息	1	2	3	4	5
1-7	公司经常参加设计或产品交流会、博览会收集行业最新信息	1	2	3	4	5
	共性技术导向跨界搜寻					
1-8	公司经常通过公共平台了解行业内/外共性技术发展趋势	1	2	3	4	5
1-9	公司积极参与政府发起的共性技术攻关项目	1	2	3	4	5
1-10	公司所在联盟内成员大多面临行业共性技术难题	1	2	3	4	5
1-11	公司积极参加业内企业发起的共性技术研发计划	1	2	3	4	5
	产品技术导向跨界搜寻					
1-12	公司积极为实现合作创新目标进行工艺流程改进	1	2	3	4	5
1-13	公司内部技术中心以产品检测、改良为主	1	2	3	4	5
1-14	营销人员能及时将产品设计与功能变化趋势反馈给研发部门	1	2	3	4	5
1-15	公司的工程师改良产品能力突出	1	2	3	4	5
	知识评估能力					
2-1	我们能够识别对公司最有价值的知识	1	2	3	4	5
2-2	我们很容易确定哪些知识在满足客户需求方面最有用	1	2	3	4	5
2-3	我们对用于确定哪些新信息可信和可靠的技术了如指掌	1	2	3	4	5
	知识同化能力					
2-4	团队共享的知识使我们能够轻松理解技术领域内的新资料	1	2	3	4	5

续表

编号	问题陈述	完全不同意	基本不同意	一般	比较同意	完全同意
2-5	我们很容易看到团队内部共同掌握的知识之间的联系	1	2	3	4	5
2-6	团队的许多新技术开发与当前的技术十分契合	1	2	3	4	5
知识应用能力						
2-7	我们很容易调整我们的工作,以利用新技术知识	1	2	3	4	5
2-8	新技术知识可以很快地应用到我们的工作中	1	2	3	4	5
2-9	我们的客户可以立即从公司学到的新技术知识中获益	1	2	3	4	5
高层管理者支持						
3-1	公司高层管理者鼓励采用新技术或尝试新产品,尽管他们知道有些可能会失败	1	2	3	4	5
3-2	公司的最高管理层支持实施新技术	1	2	3	4	5
创新						
4-1	公司已明显地增加:新产品/服务开发的支出活动	1	2	3	4	5
4-2	公司增加现有市场中的产品/服务数量	1	2	3	4	5
4-3	公司强调研发、技术领先和创新	1	2	3	4	5
风险承担						
4-4	公司拓宽了当前行业的业务范围	1	2	3	4	5
4-5	公司在与当前业务相关的新行业中开展新业务	1	2	3	4	5
4-6	公司通过提供新产品线和产品/服务进入了新业务领域	1	2	3	4	5
战略更新						
4-7	公司协调各单位之间的活动,以加强公司创新	1	2	3	4	5
4-8	公司采用灵活的组织结构来增加创新	1	2	3	4	5
4-9	公司培训并鼓励员工发挥创造力和创新能力	1	2	3	4	5

问卷到此结束,请您再次确认没有漏填题项,再一次感谢您的大力支持!

攻读博士期间科研成果与参加科研项目

一、攻读博士期间科研成果

1. 牛翠萍，耿修林. 企业家精神、管理层权力与企业可持续发展绩效的实证研究 [J]. 统计与决策，CSSCI，2020，36（19）：164 – 168.

2. 牛翠萍，耿修林. 基于卫星账户原理的分享经济增加值核算方法探讨 [J]. 统计与决策，CSSCI，2019（21）：5 – 8.

3. 牛翠萍，耿修林. 第三方支付对我国 GDP 贡献和拉动作用的统计分析 [J]. 统计与决策，CSSCI，2019（15）：101 – 104.

4. 牛翠萍，耿修林. 分享经济统计指标体系构建探讨 [J]. 统计与决策，CSSCI，2019（4）：5 – 10.

5. 牛翠萍，耿修林. 管理层权力与企业绩效研究的文献综述 [J]. 管理观察，2019（29）：7 – 9.

6. 牛翠萍，刘艳博，耿修林.2016 年美国总统大选对中美股市的影响效应分析 [J]. 当代经济，2018（3）：11 – 15.

7. 牛翠萍，耿修林. 对后金融危机时代上海股市风险特征比较研究 [J]. 当代经济，2017（31）：38 – 41.

8. 牛翠萍，耿修林. 电子商务促进中国社会就业的影响探析 [J]. 中国集体经济，2017（28）：91 – 92.

9. 牛翠萍，耿修林. 对分享经济概念与特征的解读 [J]. 中国集体经济，2017（30）：58 – 59.

二、攻读博士期间参加科研项目

1. 参与国家社科基金课题"经济调查中抽样规模的确定方法及应用研究"

2. 参与江苏省统计局课题"江苏省旅游产业发展研究"

3. 参与江苏省统计局课题"江苏省宏观经济预警分析"

4. 参与江苏省教育厅人文社科课题"社会人力资本核算的理论与应用：关于江苏的实证分析"

5. 参与江苏省旅游局课题"江苏省旅游附加值核算及旅游发展策略研究"

6. 参与常州人社局课题"常州市就业与新业态就业效应分析与软件开发"

7. 参与无锡市人社局课题"无锡就业失业预警系统设计及软件开发"

8. 参与南京市人社局课题"南京市失业预警系统开发"

9. 参与无锡市人社局课题"无锡市社会就业质量评估"

致　　谢

时光如梭，转眼到了毕业之际，提笔致谢时，感恩充满我心！回想三年半的学习生涯，辗转在两地之间，心中感慨万千！

首先，感谢母校南京大学给我学习与成长的机会！带着对南京大学的憧憬与渴望，我来到了这里。每次穿过北校园，走在南园去商学院学习往返的路上，或每次走在去北校园教学楼学习的路上，我的心里都充满感恩、信心和力量！南大承载着多少学子的梦想！母校南大，她成就了我一生做老师的梦想！在南大，不仅学会了优秀，还学会了欣赏身边人的优秀。没有忘记当初读博的初心，永远也不会忘记这种初心，它会伴随着自己的整个学术生涯。

其次，感谢我的导师耿修林老师给我的读博机会！耿老师那纯正的学术追求精神、兢兢业业的精神、刻苦己心的努力态度、严谨的治学态度、对待学生随和的态度深深影响着我！记得在读博前的 4 月 30 日晚我把小论文发送给耿老师，5 月 1 日上午耿老师已经打印出来在修改了！在节日的时候，耿老师也总是这么认真地指导学生、帮助学生！耿老师教导说，一定要严格按高标准要求自己，要珍惜学习机会，好好提升自己！耿老师既知识渊博，又精通统计！他在统计方面"专"的程度，是学生一生也达不到的境地！在本书的写作过程中，特别感谢耿老师的认真精心指导！耿老师教导我说，毕业论文是一辈子的事，必须要认真再认真！所以，从论文题目到逻辑架构、数据调研、实证分析、研究结论，甚至参考文献，耿老师都给予了特别充分与严谨的指导！甚至连文中的标点符号都修改到！那密密麻麻用红色笔作的修改标记，论文的5轮反复认真修改，连我的家人看了都很感动！具有珍藏价值。身教重于言教，耿老师以身作则的精神鼓舞和激励着我！在未来的教育生涯中，学生也要做一名像耿老师这样的好老师！

再次，感谢给我的论文在开题报告及写作过程中提出宝贵建议的赵曙明老师、蒋春燕老师和彭纪生老师！特别感谢茅宁老师、龙静老师和朱虹老师在论文修改过程中提出非常珍贵的建议？使我深深受益？对此特别感恩！在课程学习的过程中，感谢姜嬿老师、罗胜强老师、陈传明老师、贾良定老师、王全胜老师、宋培建老师的培养！感谢胡春妮老师对我的各方面帮助！在论文写作的过程中，感谢我的师兄席猛老师、师姐魏芳的帮助！感谢师姐张帆、蔡霞、史敏及师妹袁少茹与刘玥玥的鼓励！感谢我的同学孙甫丽、钱佳蓉、刘艳博、王彦、曾颢、曾春影、文秋香、赵英男、刘雅珍、高成、金莉娜、金丹、刘莹、赵李晶、王锐及叶全胜对我的鼓励与帮助！特别感谢孙甫丽给我提出的论文内容及调研中的珍贵建议！特别感谢钱佳蓉和刘艳博在我写论文过程中的关心和鼓励！数据的调研实在是一项工程，在这里，还要特别感谢论文数据调研小组师弟钟翔与师妹李菲菲的全力帮助！与师弟师妹组成一个调研团队，收获团队共同拼搏与成长的丰盛果实！与你们在一起拼搏的岁月，真的是很快乐的时光！彼此鼓励、一起努力，愿你们前程似锦！

再再次，感谢我的家人对我全方位的鼓励与支持！家人无私的爱给了我学习的勇气和力量！在我读博的过程中，我们的两个爸爸、两个妈妈都给予了最大的关怀与帮助，帮助我的爱人做生意，帮助我们带孩子、做家务，尽心尽力！特别是在我写论文漫长的日子里，每次都把我最爱吃的饭做好、盛好，家务做好，不舍得浪费我的一点儿学习时间！在学校与在家安静努力的日子也是非常的感恩！要特别感谢我的丈夫武哥！对我学习付出最多的就是他，为了让我安心读书，他担起了家里一切的责任，家里的一切事情他都安排好做好，不用我操心。他白天工作，晚上指导孩子，陪孩子学习。很感恩的是，在整个暑假调研期间，他舍去工作赚钱的机会，帮助我全力以赴地去众多的企业调研！感谢我的孩子小明泽！他懂事、听话、有礼貌、勤快、爱学习，他知道妈妈要学习，在我学习的时候，他不打扰我，还经常鼓励我！让我很省心。感谢我的哥哥嫂子、弟弟弟妹、妹妹、小侄女对我的关心与鼓励！

最后，非常感谢经济科学出版社杨洋编辑的支持！杨编辑热忱、认真、严谨、友好的工作态度让我特别感动，感谢杨洋编辑一次又一次的细心、耐心的审稿与等待稿件的回复！

同时，本书也存在着不足，如本书采用问卷调研的方式，对构建的理论模型和研究假设通过结构方程模型和回归模型的方法实践出来。而在公司创业的主流定义中，除了包含战略更新、创新和风险承担外，也含有主动竞争方面的内容，鉴于问卷长度的合理性，本书未能对主动竞争的多个题项设计在问卷中，或者能否结合企业的发明专利等数据结合在一起进行测量公司创业，在未来研究中，将进一步探索。另外，是否采用对企业家进行翔实访谈等形式取得企业更多的实际数据，未来有待于进一步研究等。

虽然博士生涯即将结束，但是科研之路只是刚刚开始！学海无涯，良师益友随行。